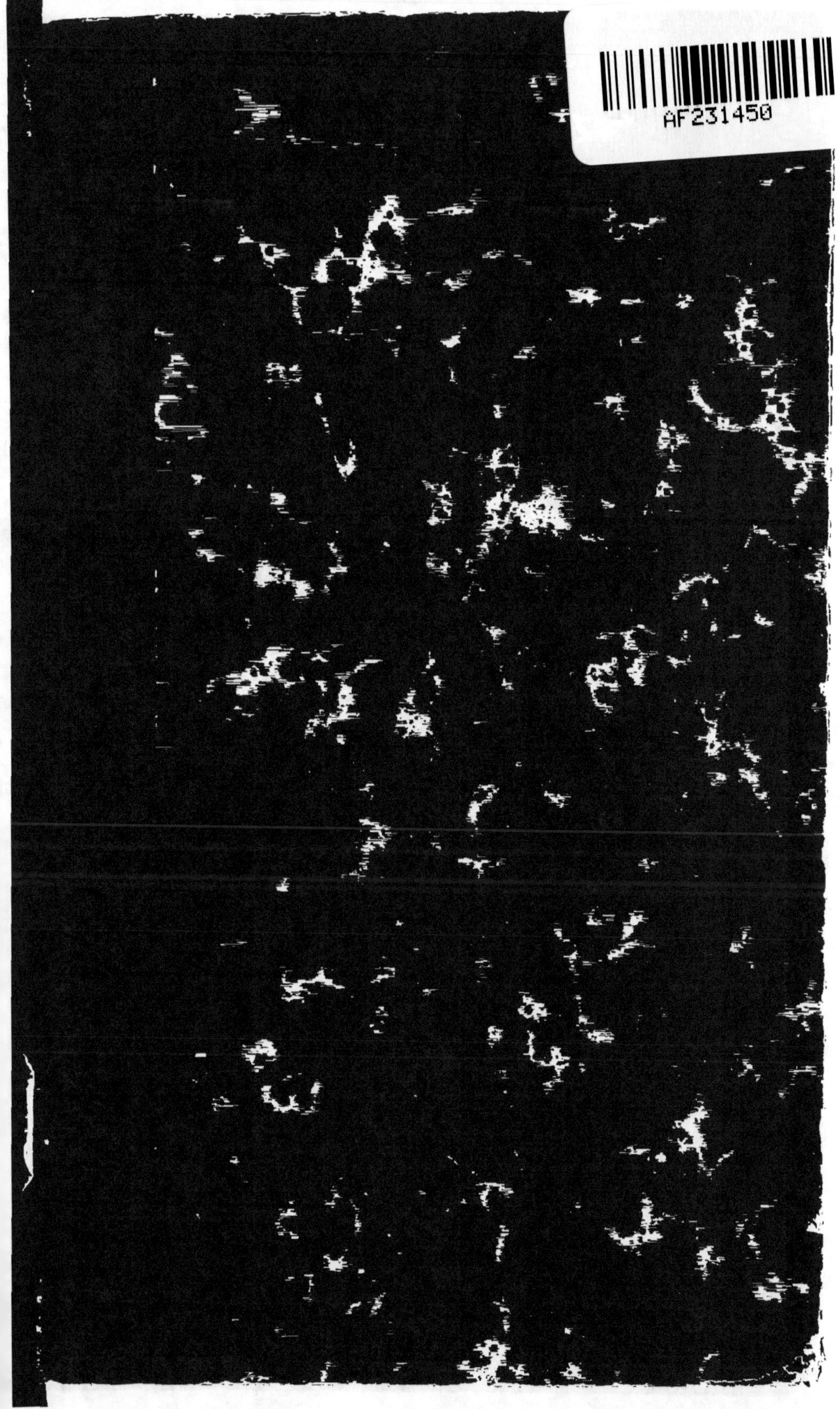

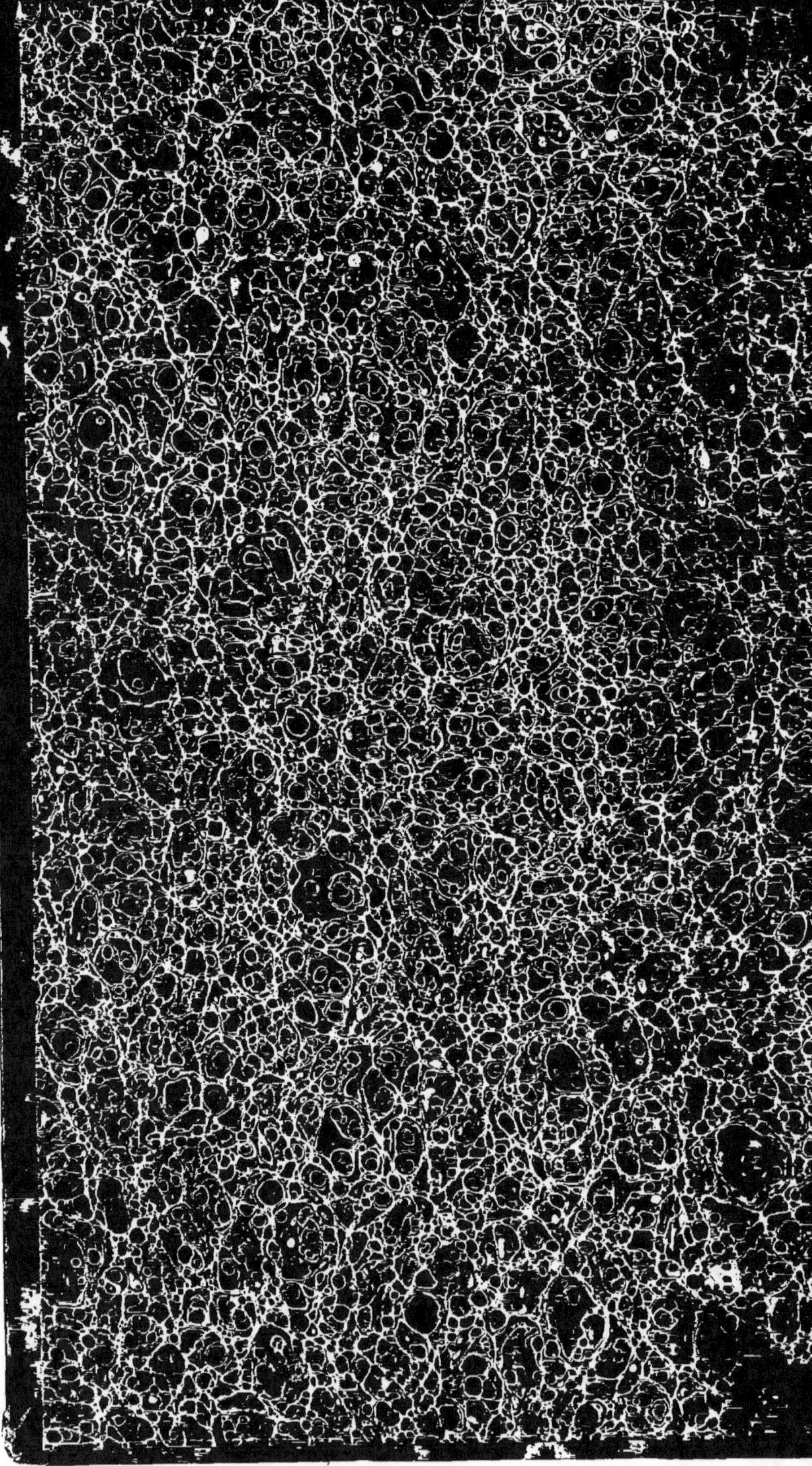

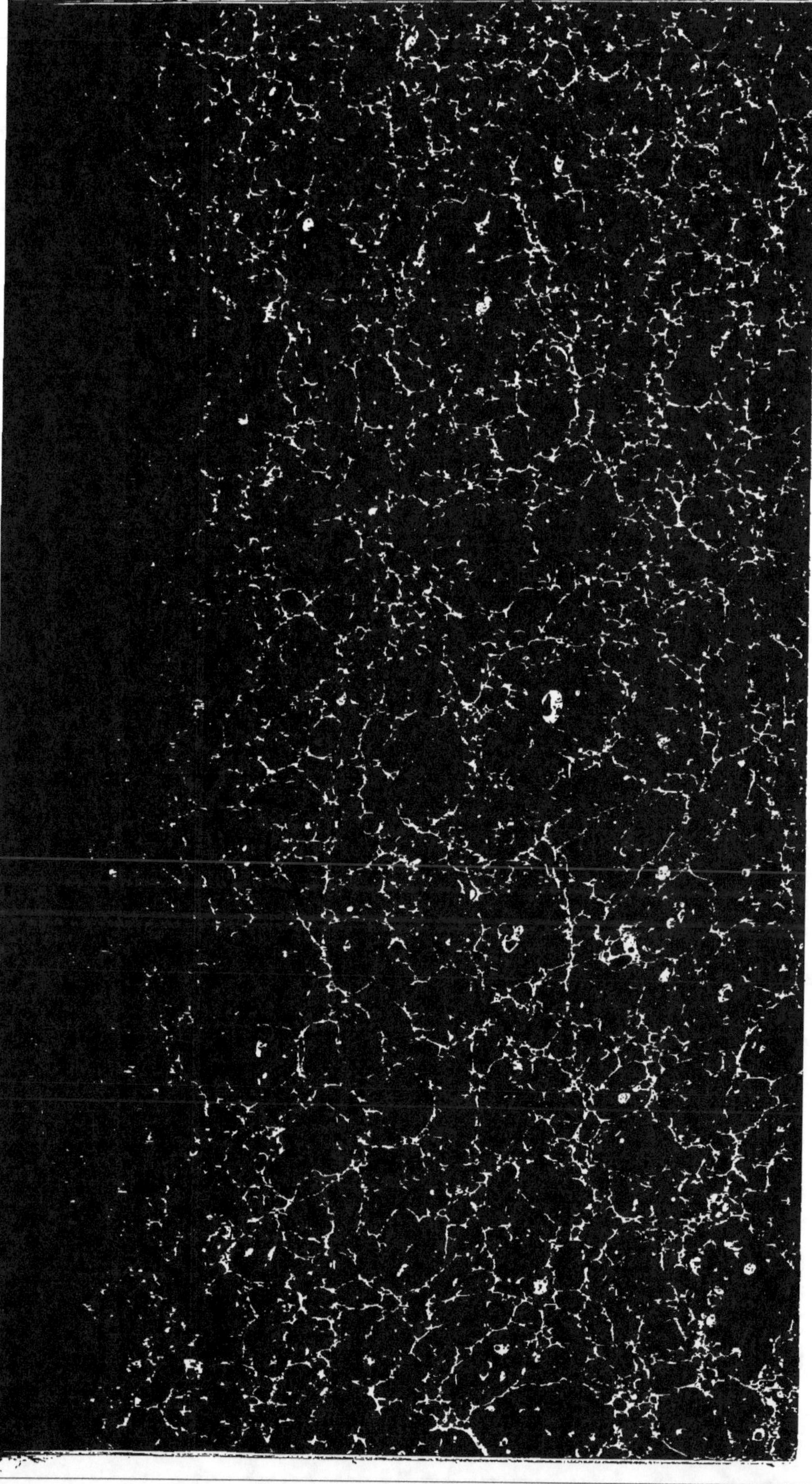

Nᵒˢ 80 à 2 Mecatalogue Brevet

REMARQUES

HISTORIQUES ET CRITIQUES.

REMARQUES

HISTORIQUES ET CRITIQUES,

SUR

Les Abbayes, Collégiales, Paroisses et Chapelles supprimées dans la ville et fauxbourgs de Paris, d'après le décret de l'Assemblée Constituante du 11 Février 1791.

Nox fuit inter maximas et nullas.

A PARIS,

Au Bureau de l'Imprimerie de la Société Bibliographique, rue des Ménestriers, N°. 9.

Chez
{ BLANCHON , Libraire , rue saint André-des-Arts.
{ LESCLAPART , Libraire , rue du Roule.
{ DESENNE, Libraire, au Palais Royal.

M. D. CC XCII.

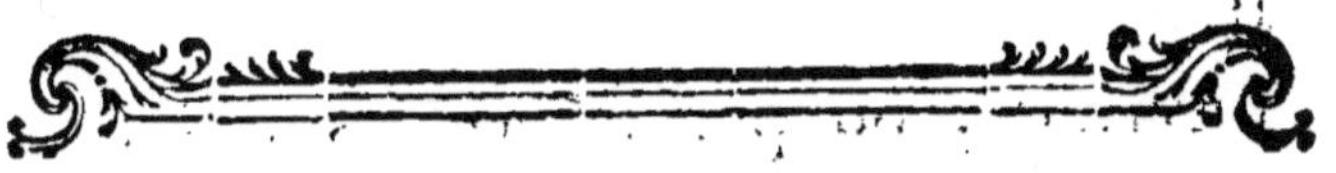

AVANT-PROPOS.

J'AI vu pour la derniere fois les Monumens de la piété de nos peres ; ces voûtes antiques, ces Murs sacrés sur lesquels la main lente du temps avoit tracé l'histoire des âges de la Monarchie, et j'ai dit : bientôt ces édifices vénérables ne seront plus, et quelques instants détruiront l'ouvrage des siecles !

Quel changement ! à la place des chefs-d'œuvres de l'art je n'appercevois que des ruines...... je marchois sur des décombres....... Ici, des autels renversés ! là, des statues brisées, des colonnes mutilées ! et au lieu de ces cantiques sublimes, de ces chants solemnels qui retentissoient dans ces vastes enceintes, régnoit un morne et profond silence..... quelquefois interrompu par les cris des

a

iv

aux pieds ! Que de feuillets arrachés du volume immense de notre histoire !

Il étoit donc réservé aux Français libres du dix-huitieme siecle de faire revivre les Goths et les Vandales, de renouveller la faute d'Henri VIII, roi d'Angleterre ; lors de la suppression des maisons religieuses de son royaume, ce prince dépensa des millions pour se procurer mal une partie de ce qu'il auroit pu avoir de mieux dans le moment, et presque sans dépense.

L'Assemblée Nationale a cependant prononcé par un décret particulier sur une commission à former dans les 83 départemens, et les Municipalités pour le déplacement et le transport des monumens. Ces précieux débris répandus dans le royaume auroient pu être réunis et placés par ordre de date, et ces dépôts désignés sous le nom de

Musée , auroient consolé la France littéraire de cette dévastation générale en servant à l'instruction de la postérité. Paris en auroit donné l'exemple ; c'étoit à la capitale à montrer que les sciences et les arts n'ont rien perdu à la révolution ; un emplacement assez vaste, tel que celui que nous offrent quelques églises supprimées, réuniroit les tombeaux , les statues, les colonnes, les épitaphes et les inscriptions ; un second seroit le dépôt des tableaux, qui à couvert des atteintes des Municipes de village, ne seroient pas comme à PASSY , à la merci des ignorans , qui n'en connoissent ni le mérite , ni la valeur.

Mais il semble qu'une aveugle fatalité dirige toutes nos opérations ; la voix des citoyens instruits est étouffée par les clameurs des sots qui ne con.

noissent que l'argent. C'est LE VOX CLA-
MANTIS IN DESERTO. Les réclamations
deviennent inutiles, et on ne peut que
gémir sur le despotisme arbitraire décoré des livrées honorables de la liberté.
Combien de fois n'ai-je pas été contra-
rié par la malice et l'ignorance, en
parcourant les églises supprimées de
la capitale ? le Dieu qui réside dans
nos temples avoit fait place à de nouveaux propriétaires ; la morgue insul-
tante des uns et les railleries de quel-
ques-autres sembloient m'envier jusqu'à
la faculté de transcrire : on me laissoit
à peine le temps d'examiner ce qui fixoit
mon attention, lorsque je contemplois ces
monumens de l'orgueil et de la vanité
qui ne renferment que des cendres, ces
tombeaux où respirent le marbre docile,
le bronze et l'airain, où on lit encore
les noms de quelques hommes célèbres, et
je disois : ils ne sont plus !

Oh ! combien cette scène muette est éloquente ! comme elle parle à l'ame ! Je me rappellois alors le respect religieux de tous les peuples pour les sépultures ; je voyois ma patrie, la France, la nation la plus polie et la plus éclairée, offrir le tableau d'un sacrilège inconnu jusqu'à nos jours. Ici des tombeaux fouillés, des cendres dispersées, de grands noms effacés : là des legs sacrés, et des fondations pieuses arrachées des mains de l'église, pour être à la disposition absolue des Départemens et des Municipalités, les décrets de l'assemblée constituante éludés dans l'article XXI sur les offices ecclésiastiques, où il est dit : »La » réunion qui pourra se faire d'une » paroisse à une autre paroisse, empor- » tera toujours la réunion des biens de » la fabrique de l'église supprimée á la viij

» fabrique de l'église à laquelle se fera
» la réunion. «

Qu'est-il résulté d'une disposition
aussi sage ? un effet tout contraire : en
voici un exemple.

Les paroisses de la cité sont réunies à la Cathédrale ; leurs meubles ,
argenteries , ornemens devoient y être
transportés ; les biens de fabriques conservés , et les fondations acquittées :
mais la Municipalité qui s'est emparé des
revenus et du mobilier , a empêché
l'exécution de ce projet ; elle a même
refusé jusqu'aux réparations les plus ur-
gentes du bâtiment de l'église de N. D. ,
dont le petit clocher de la croisée menace ruine , et dont tout annonce la
chûte prochaine ; la fleche presque
découverte penche , et écrasera bientôt la voûte, en occasionnant des dé-

gâts incalculables ; cette conduite est bien différente de celle du chapitre, qui avoit en réserve chaque année une somme de 50000 liv. pour les seules réparations , et qui ne mettoit aucun retard dans le payement des honoraires et des gages des officiers ecclésiastiques et laïcs ; qui exact à l'acquit des fondations , annonçoit chaque année au public dans le bref (1) ses obligations et l'emploi de ses revenus.

Pourquoi laisse-t-on sur pied les petites églises obscures et mal saines de la Cité , puisqu'elles sont supprimées , et n'a-t-on pas conservé les bâtimens nouveaux de S. Barthélemi,

---

(1) On appelle Bref *Breve* , le livre latin en forme de Calendrier , à l'usage des ecclésiastiques, qui récitent le Bréviaire, suivant le rit de Paris.

au lieu de les détruire , et a-t-on permis que sur cet emplacement précieux , qui devoit être reservé pour le Séminaire épiscopal , ou au moins pour une succursale , on vit s'élever une salle de spectacle sur les débris des autels , et sur les fondemens d'une des plus anciennes abbayes de Paris ?

Il sembleroit , que sous le prétexte spécieux d'économie et de bien public , on cherche à avilir la religion et la majesté de son culte ; qu'on veuille disposer des revenus des fondations pieuses , contre le vœu et l'intention des fondateurs et les décrets de l'assemblée constituante , priver les desservans de la Métropole et des paroisses , de l'entretien et de la subsistance. Qu'est-donc devenu le produit de la vente des meubles et argenteries enlevés avec scandale des églises supprimées , dont les fonds et les revenus devoient être soumis à l'inspection de M. l'évêque et de son conseil seuls juges compétens dans cette partie, (sancta sanctis), sous la surveillance du Département ou de la Municipalité , dont on connoît la sagesse et les lumieres. Nous aimons à croire que la justice , qui est la base de l'administration actuelle , est un préjugé trop favorable pour ne pas fermer la bouche à tous ses détracteurs et faire cesser les plaintes et les murmures.

On ne peut se dissimuler qu'il n'y ait des abus ; il y en a par-tout et de toute espèce ; ils prouvent que tant que l'égoïsme influera sur l'intérêt général , tant que l'anarchie subsistera et que la loi sera sans vigueur , l'ordre et le bien public souffriront.

²Il est tems enfin que des individus dont on ne soupçonnoit pas même l'existence avant la révolution et qui ne parlent que liberté et patrie, mettent en pratique ces principes sacrés, ou qu'ils se taisent ; qu'ils sachent qu'il ne suffit pas pour se rendre importants aux yeux de leurs concitoyens , de faire des motions dans les sections ou dans les clubs , pour parvenir par la brigue et la cabale aux postes réservés au seul mérite ; et que l'opinion publique qui juge ne verra en eux que des intriguants dévoués d'avance au mépris de la postérité. Que d'autres disposent dans les postes qui leur sont confiés d'un pouvoir dont ils abusent ; exerçant un despotisme absolu sur des subalternes ; souples au dehors , durs, grossiers au dedans, esclaves du peuple dont ils caressent les caprices et les chimeres , tyrans de leurs fa-

milles , ils appésantissent sur elles les
chaînes qu'ils ne rougissent pas de
porter ailleurs ; voilà les suites des abus
que j'attaque ; ces égoïstes conservent
toute la morgue tant reprochée à l'ancien régime , ils repoussent durement
ou mettent à contribution des citoyens
qui réclament leur ministère ou leurs
secours.

Les abus enfin se sont glissés jusques dans nos temples , et la cathédrale n'en est pas exempte ; cette église
dont les siecles ont admiré la discipline ,
le bel ordre et la majestueuse simplicité des cérémonies , ne se reconnoît
plus , tout est changé pour elle ; le
Rit romain remplace insensiblement
le Rit Parisien ; l'ignorance , ou la
négligence supriment le cérémonial qui
jusqu'à nos jours n'avoit souffert aucune altération ; la cathédrale , enfin,
qui servoit de modèle à toutes les

églises de France, a emprunté des paroisses les saluts, les expositions, les processions, le pain béni et les offrandes, l'angelus et la sonnerie pour les morts; ailleurs on voit des Ecclésiastiques dont les mœurs sont aussi pures qu'irréprochables, se prêter au manége des dévotes qui les entourent, et oublier l'esprit de la religion dont ils sont les ministres; d'autres conservent les anciens abus contre lesquels on ne cesse de crier, dans l'administration des sacremens, ou dans ces frais de convois somptueux dont la dépense pourroit fournir à la subsistance de tant de familles indigentes : des curés souffrent encore l'impitoyable et inutile sonnerie pour les morts, et tolèrent les abus des sacristies, des sécrétariats où les employés s'acquittent de leurs diverses fonctions avec une hauteur que n'excuse pas même leur jeunesse ou leur défaut

d'expérience ; et les dignes coopérateurs
du ministere donnés par la loi et la constitution , gémissent en silence de ces
scandales ; leur désintéressement est
connu dans la rétribution , et ceux de
la Métropole en ont les premiers
donné l'exemple. Ce sujet que je me
propose de traiter en forme de dissertation sur l'origine, les progrès et les abus
du CASUEL , sera LE POST – SCRIPTUM
de cet ouvrage , qui malgré ses rapports
avec la révolution , ne renferme que des
détails historiques sur les églises supprimées de la capitale ; et jai cru pouvoir me dispenser de traiter une matière
aussi délicate que celle de l'événement
qui a occasionné le nouvel ordre des
choses.

Ce sujet étant du ressort de la politique , ainsi que les faits qui appartiennent à l'histoire , comme les ré-
flexions à la philosophie , m'a rad

xvj

mené à cette cause première, qui a dit,
QUE LA LUMIERE SE FASSE? à celui
qui tient dans ses mains les destinées
des empires. Pénétré de ce sentiment
religieux, je garde le silence sur les
motifs qui ont déterminé la suppression
de tant d'établissemens utiles dont l'o-
rigine remonte à la naissance de la Monarchie, pour ne parler que des Edi-
fices religieux, et pour m'acquitter de
l'engagement contracté dans les remarques, sur les trente-trois paroisses
de Paris.

Monumens respectables ! Enceintes
sacrées ! auroit-on pu croire que vous
serviriez à des usages profanes ! et vous
seriez-vous douté qu'un jour vous de-
viendriez des places publiques, des
rues, des théatres, où des Histrions fou-
leroient aux pieds la cendre des morts,
et remplaceroient les pieux Solitaires et
les Ministres d'une religion sainte.

REMARQUES

REMARQUES

HISTORIQUES

ET CRITIQUES,

Sur les Eglises supprimées de la ville de Paris, d'après le décret de l'Assemblée nationale, du 2 Février 1791.

PAROISSES ET EGLISES DE LA CITÉ.

L'ÉGLISE DE PARIS,

Ci-devant Chapitre métropolitain.

Tout ce que la Religion a de plus imposant et l'antiquité de plus respectable, se trouvoit réuni dans l'Eglise Métropolitaine.

A

Sa liturgie, ses coutumes, ses cérémonies étoient l'ouvrage de quatorze siecles. L'Eglise de Paris, qui, comme celle de Lyon, (a) ne connut jamais les nouveautés, servoit de modèle à la plupart des Eglises de France, qui en avoient adopté le bréviaire et les rits particuliers.

Le plus bel ordre, une discipline exacte, une observance réguliere dirigeoient, un Clergé nombreux, à la tête duquel on voyoit un Chapitre célebre dès son origine ou le mérite et les talens étoient toujours admis et préférés.

Je laisse aux descripteurs de Paris les détails qui concernent cette Eglise (b), pour ne m'attacher qu'à son régime intérieur. Un précis historique d'un Chapitre qui n'existe plus, ne sera peut-être pas indifférent à ceux qui chercheront la Métropole dans la Métrople elle même. Je ne prétends pas en faire l'éloge ; je suis trop au-dessous du sujet, et il y a long-temps que la vérité

(a) Ecclesia lugdunensis nescia novitatis.

(b) *Qui mole suâ terrorem incutit pectoribus.* Sauval, antiquité fol. tom. 1. art. N. D.

en a consacré les fastes dans les pages de l'histoire.

Fortunat est le premier qui ait parlé de l'Eglise de Paris dans un Poëme latin qu'il adresse *ad Clerum Parisiacum*, et qu'il a intitulé *de Ecclesiâ Parisiacâ*. Cette Eglise, ce Clergé, formoient la Cathédrale au 6e siecle ; on la distinguoit depuis et on la qualifioit de sainte Eglise de la Cité des Parisiens, *Sacro Sancta Ecclesia civitatis Parisiorum*, et plus simplement, *Sancta Ecclesia Parisiensis*. Un Archevêque de Sens écrivant au Clergé de Paris sous le regne du Roi Robert, intitule sa lettre, *Clero Sanctae Ecclesiae parisiensis ;* et le Roi Philippe Ier., dans une Charte de 1107, met *Consilio canonicorum sanctae Parisiensis Ecclesiae*, expression qui n'a disparu que dans les derniers siecles. On s'est contenté de l'appeller tout simplement l'Eglise de Paris, titre infiniment plus précieux que celui de paroisse métropolitaine, qu'on s'efforce en vain de lui attribuer depuis la révolution. La qualité d'Eglise de Paris par excellence doit être conservée à la premiere, à la plus ancienne comme à la plus célebre Eglise de la capitale. Elle a donné des Papes à la chrétienté , des Cardinaux à la Cour de Rome , des Evêques à la France et à l'Angleterre , des Saints à la Religion , des Savans et des Ecrivains à la Littérature. Les Ecoles publiques qu'elle entretenoit aux environs de la Cathédrale et de la maison de l'Evêque , ont donné naissance à l'Université de Paris ; quelques-uns de ses Chanoines étoient mires, c'est-à-dire médecins , qui , dans ces temps-là , étoient presque tous Prêtres ; ils donnoient leurs consultations à l'entrée de l'Eglise , au-dessous de la tour , à main droite , du côté méridional , pour ceux qui étoient affligés du mal des ardens : *ignis sacer, vel morbus Beatae Mariae* , suivant une Ordonnance du Chapitre de l'an 1248.

Enfin , l'Eglise de Paris avoit formé les premieres années de Louis VII , un de nos Rois ; et son Chapitre étoit en si grande réputation , qu'on le consultoit de toutes parts , et on s'en rapportoit à ses décisions. De son sein étoient sorties les Collégiales de saint Germain *Lauceroye* , saint Mery , du saint Sépulchre, de saint Etienne-des-Grès , de saint Benoist, sainte Opportune, de saint Honoré et de saint Marcel.

Pour se former une idée du régime de l'Eglise de Paris, il faut se rappeller que dans l'origine, tout étoit soumis à l'Evêque, qui seul fixoit le nombre des Prêtres pour le soulager dans les fonctions du ministère. Eusèbe, Evêque de Verceil, fut le premier qui, au 4e siecle, forma une communauté de Clercs dans son Eglise, et leur fit observe toute la rigidité de la vie monastique.

Dans le siecle suivant, saint Augustin, Evêque d'Hippôné, en fit autant des Clercs avec lesquels il vivoit dans un parfait détachement du monde. C'est à cette époque qu'on peut rapporter l'origine des Chanoines séculiers et réguliers dans l'Occident. L'Eglise de Paris ne fut pas des dernieres à suivre cet exemple, et on donna alors le nom de Chanoines aux Clercs qui étoient inscrits dans le canon ou la matricule de l'Eglise ; c'étoit une tablette enduite de cire, sur laquelle on marquoit avec un poinçon les noms de ceux qui suivoient le canon, c'est-à-dire, le réglement. De-là le nom de Chanoines. Le premier étoit appellé Chefcier, c'est-à-dire, le premier inscrit sur la tablette de cire.

Mais le malheur des temps ayant amené le relâchement de la discipline , et fait presque disparoître un établissement si sage et si conforme à l'esprit de l'Eglise primitive ; Chrodegand , Evêque de Metz , fit de nouveaux réglemens pour ses Chanoines , et il arrêta le cours du désordre et du scandale.

L'Histoire ne nous laisse pas soupçonner que l'Eglise de Paris se fût laissée entraîner au torrent ni séduire par les exemples. Il y a lieu de présumer qu'elle fut une des premieres à adopter les réglemens de l'Evêque de Metz , et que le Chapitre ayant toujours aimé ses devoirs , jaloux de les remplir , ne s'est pas borné à bien faire quand il pouvoit faire mieux. De-là cette régularité qui l'a toujours distingué des autres Chapitres , et concilié l'estime générale , et qui , depuis sa suppression , lui a mérité les regrets de ceux qui aiment la religion , l'ordre et la majestueuse simplicité du culte public.

Quoiqu'on ne trouve que sous Louis le Débonnaire des monumens authentiques de l'établissement du Chapitre de Notre-Dame , on peut conjecturer aisément qu'il existoit dès le temps de Charlemagne , et que ce ne fut que sous le regne de son successeur que fut rédigée une regle fixe pour les Chanoines au Concile d'Aix-la-Chapelle , en 815 ou 816. Cette regle prescrivoit l'habit et la vie commune dans des Cloîtres fermés , mais sans exiger le désappropriement ni les abstinences de précepte et d'usage chez les Moines , et elle fut généralement observée dans les états soumis à la domination de ce Monarque. Ce qu'il y a de certain , c'est que les anciens actes ne font mention des Prêtres attachés à l'Evêque de Paris que sous la dénomination de Freres de Sainte Marie ; ces mêmes actes ne parlent que de Cloître et de regle. Sous la premiere et la deuxieme race , on les appelloit *Fratres , Seniores , vel primares Sanctae Mariae.* Ce n'est que depuis le Concile d'Aix-la-Chapelle que le Chapitre de Paris est nommé *Congregatio vel Conventus Fratrum Beatae Mariae.* Et pour la premiere fois , en 1073 , on lit *Capitulum.*

Tous ces termes usités dans les Cloîtres , avoient fait imaginer à quelques Auteurs que le Chapitre de Paris avoit été

originairement une communauté réguliere
ou que les Chanoines avoient suivi la regle
de saint Augustin ; cette erreur avoit sa
sorce dans le culte particulier qu'on rendoit à ce saint et à l'office propre qu'on
chantoit le jour de sa fête dans la cathédrale , et parce que ces Ecrivains ignoroient

existoit une confrérie de ce saint
évêque , érigée vers la fin du 12e siecle ,
ou au commencement du 13e , pour les
ecclésiastiques du chœur , connus depuis
sous le nom de bénéficiers , laquelle a subsisté jusqu'à nos jours.

En 1490 les confreres de saint Augustin
étoient au moins quarante , tous prêtres
bénéficiers. Antoine Brunet , chanoine de
saint Aignan , en étoit Abbé : il mourut
en 1574 , suivant l'inscription gravée sur
sa tombe dans la nef de cette église , située cloître Notre-Dame. Quant à ce qui
concerne les prébendes canoniales , contre
lesquelles on a tant crié , elles provien-
nent de l'Ordonnance du Concile de Paris
tenu en 829. Ce Concile enjoignit expressé-
ment aux chefs des communautés séculieres
et régulieres à pourvoir aux besoins temporels de ceux qui les composent : c'est

ce qui obligea Inchade , alors évêque de Paris , à abandonner et à céder en toute propriété , au Chapitre de Notre-Dame , plusieurs terres et villages , avec leur dépendances , qui appartenoient à son église , et c'est de ce partage qu'ont été formés les canonicats de la cathédrale.

A. cette époque le réglement d'Aix-la-Chapelle étoit déjà en vigueur ; il étoit sans exception. Chanoines , bénéficiers , chantres , enfans de chœur , tous étoient soumis alors à la discipline la plus sévere aucuns n'étoient dispensés d'être présents à l'office de la nuit et du jour, sous peine de perdre la rétribution. C'étoit sans doute pour entretenir une noble émulation et un usage aussi respectable , qu'il se forma une confrérie célebre qu'un titre de 1205 appelle *confraternitas B. M. Parisiensis surgentium ad matutinas.* Elle étoit com-posée de personnes pieuses de la ville , qui , à l'imitation des chanoines , se le-voient au milieu de la nuit, et venoient assister à Matines dans la cathédrale. La confrérie ne subsistoit plus il y a long-temps ; mais l'église de Paris , toujours exacte , avoit conservé jusqu'à nos jours la louable coutume de chanter Matines à minuit, à l'exception de quelques jours, et elle avoit pris de sages mesures pour la perpétuer de siecle en siecle, par un réglement capitulaire du 9 août 1638. Ce réglement donnoit aux Mansichors, (*à Manendo et choro*) vulgairement appellés Machicots ou clercs de Matines, les canonicats de saint Denis-du-Pas et de saint Jean-le-Rond. Mais depuis la suppression du Chapitre, ces beaux établissemens ont été détruits ; on n'a pas même eu égard à l'acquit des fondations, qui étoient considérables par leur revenu, dont le Chapitre avoit toujours fait un si noble emploi, et qui servoit à l'entretien et aux gages des musiciens, des chantres et enfans de chœur.

La musique est abolie, ainsi que le cérémonial observé de tout temps ; les stales du chœur sont vuides, ou simplement occupées de distance en distance par quelques chantres que le zèle et la bonne volonté soutiennent. J'en dis autant des quatre organistes, aussi désintéressés que leurs talens reconnus les distinguent à tous égards et les rendent précieux au public. Il n'est pas jusqu'à celui qui préside à la sonnerie, fonction pénible et dispendieuse, dont il a fait les frais depuis la révolution. Cette parcimonie des préposés, ou plutôt leur négligence, s'étend jusqu'aux enfans de chœur, qui des bras de leur mere ont été placés à l'ombre de l'Autel. Leur innocence, leur vêtement de lin, et leurs usages particuliers, rappelloient les temps antiques de la premiere ferveur des Freres de sainte Marie. Le nombre de ces enfans étoit de 13, il est réduit à 6, et ils attendent avec patience, ainsi que les fonctionnaires et autres officiers, un traitement fixe et honnête, qui les mette à couvert de l'indigence qui les menace ; et ils esperent que le Département et la Municipalité, dans leur sagesse, débarrassés du cahos immense qui les enveloppe, s'occuperont sans délai de l'existence des uns et de l'honoraire des autres. Que dirai-je de l'appareil du culte et des cérémonies majestueuses, qui ont disparu avec le Chapitre ? On leur a substitué des nouveautés qui révoltent. Plus d'Offices, plus de Matines, pas même les veilles des Fêtes solemnelles, et à la place d'un Clergé nombreux, maintenu par l'ordre, la dissipline et la décence , quelques ecclésiastiques respectables il est vrai , mais dont le petit nombre ne peut suffire tout-à-la-fois et aux fonctions pénibles du ministere et à l'assiduité à l'office du jour. On remarque déjà dans la Cathédrale , qualifiée paroisse , toutes les pieuses innovations des églises paroissiales , expositions fréquentes du saint Sacrement , et bénédiction les Jeudis et les Dimanches , sans oublier les Fêtes , les pains à bénir à toutes les grandes Messes dominicales , les offrandes , jusqu'aux quêteuses qu'on promene fastueusement dans le chœur et jusques dans le sanctuaire.

Avant la révolution on ne connoissoit pas à Notre-Dame l'Angelus sonné à midi , le matin et le soir ; cet usage s'est introduit avec les autres abus. On sait que l'Angelus est une dévotion inventée par Louis XI , Roi fanatique et superstitieux , qui a substitué dans la chaire sacrée l'*Ave Maria* à l'Oraison Dominicale , qu'il a arraché de la bouche de nos orateurs , et que nos freres séparés ont conservée précieusement pour l'honneur du christianisme , à la honte du catholicisme romain : par-là ils nous apprennent que Dieu seul doit être l'objet exclusif de notre culte , qu'à lui seul sont dues nos adorations et nos hommages , et qu'on ne peut honorer la sainte Vierge qu'en imitant ses vertus. Je ne puis finir cette longue digression sans citer une nouveauté qu'on ignoroit à la cathédrale et qui s'y est glissée l'année derniere , le jour de la Fête-Dieu. Le cérémonial de cette église déposé au Trésor , dit , en parlant de la procession solemnelle de ce jour : *In quâ , nulla fit statio nec Thus adoletur dum perplateas defertur SS. Sacramentum.* Cette cérémonie n'avoit lieu que le jour de la fête ; point d'exposition ni de bénédiction pendant l'octave , mais seulement le matin du dernier jour on faisoit une procession dans l'intérieur de l'église , où le Chapitre et le Clergé assistoient en chappes. On voit que le Rit romain remplace insensiblement le Rit parisien , qui jusqu'à nos jours a été en vigueur à la cathédrale, sur-tout à la bénédiction solemnelle avant la communion , quand les Archevêques officioient. Aujourd'hui M. l'Evêque se contente de la bénédiction à la n de la Messe, et récite l'Evangile de sain

Jean à l'Autel contre l'usage. Je ne finirois pas si je dénonçois toutes les nouveautés et les abus de la paroisse métropolitaine , qui réunissant toutes les Eglises de
la Cité dans son enceinte , est toujours vuide ,
à l'exception du chœur et du sanctuaire ,
où le peuple pénetre par le droit que lui
donne la liberté , dont il abuse par l'effet
d'une complaisance aveugle , de l'indifférence pour le bon ordre , ou de l'ignorance
des préposés. Pour parer à tous ces désordres , et pour réprimer tous ces abus , il
vaut mieux s'en rapporter aux dispositions
excellentes , au zèle et à la piété de M.
l'Evêque , dont les lumieres ont été trop
long-temps offusquées par les chicanes de
toute espece. Débarrassé des entraves qu'on
a jusqu'ici opposé , mais en vain , à ses
louables intentions , plus instruit des usages et des coutumes de son église , il la
rétablira sur l'ancien pied , et il rendra
au chœur de sa métropole son premier
éclat et toute sa dignité , il remplacera les
chanoines par un clergé composé d'ecclésiastiques pieux et formés aux exercices
du culte , suivant le rit gallican adopté
depuis tant de siecles à Notre-Dame. Il y

joindra sans doute un nombreux séminaire qu'il formera par son exemple ; il profitera des dispositions du Département dont il est membre, pour composer une Bibliotheque des débris de celles des Maisons Religieuses, par un choix des meilleurs livres, qui ne peuvent avoir une plus belle destination, laquelle jointe à celle des Avocats, déposée à l'Evêché, seroit appellée la Bibliotheque épiseopale, ou du Séminaire.

Parmi les illustres de l'église de Paris, les évêques tiennent le premier rang. Les Denis, les Marcel et les Germain sont des saints ; ensuite on compte Maurice et Odo de Sully, les Chanac, d'Orgemont, les Poncher, les Gondy, le vertueux cardinal de Noailles et l'inflexible de Beaumont. Les Doyens du Chapitre ont aussi produit de grands hommes, les Ursins, les Seguier, Tudert, de Gontaut, Abraham d'Harcourt, de Beuvron et de saint Exupery.

Parmi les Chanoines on compte Joachim du Bellay, Archidiacre ; Paul-Emile, le Gendre, tous les deux Historiographes de France, le premier sous Louis XII, et le

second sous Louis XIV ; les Chatelain oncle
et neveu , bienfaiteurs de l'Hôtel-Dieu ;
Antoine Delaporte , qui a enrichi la cathédrale de tableaux précieux , et qui a
fait une dépense considérable qu'il prenoit
sur ses revenus ; et Guillot de Montjoye.
Le zèle de ce dernier est aussi connu que
les bienfaits du premier.

Claude Joly , chantre et chanoine de l'é-
glise de Paris , a donné au public plusieurs
ouvrages ; il mourut en 1700 , après avoir
légué sa bibliotheque au chapitre , à condition qu'elle seroit publique. Cette condition n'a jamais eu lieu. Parmi les livres
curieux qui la composoient , on remarquoit
un manuscrit de Grégoire de Tours , en
caracteres Mérovingiens.

Il n'y a pas d'église particuliere qui ait
donné un aussi grand nombre de Papes.
Grégoire IX , Adrien V , Boniface VIII ,
Innocent VI ; Grégoire XI et Clément VII
avoient été chanoines de l'église de Paris.
Enfin , il n'y avoit pas d'église en France
où le service divin se fît avec autant de régularité , de décence et de majesté.

Saint Barthelemy.

Cette Eglise peut être regardée comme la plus ancienne de la Cité, et même de Paris, après la Cathédrale. Elle a commencé par être un Oratoire du nom de Saint Barthelemi, à l'occasion des reliques du saint Apôtre, données à Clovis ou Childebert par l'Empereur Anastase, et qu'ils déposerent dans la Chapelle de leur Palais, où les fidèles, comme les Rois, observe un auteur anonyme du 10e siecle, y avoient fait transporter les reliques et les corps de plusieurs saints, pour enrichir ainsi qu'il convenoit une chapelle royale. Il ajoute qu'elle avoit été bâtie anciennement *antiquitus* par les Rois de France : ce qui suppose un nombre de siecles au temps où il écrivoit. Au reste, il ne faut pas croire, comme quelques Auteurs l'ont avancé mal à propos, que ce soit dans cette Chapelle que les Rois de la premiere race ayent fait baptiser leurs enfans nés à Paris : cette cérémonie appartenoit de droit à l'église cathédrale, et comme on disoit alors à l'église

B

nieure , qui étoit dans ce temps-là , comme elle est aujourd'hui , la paroisse de toute la Cité.

Cette Chapelle de Saint Barthelemy fut desservie par des Chanoines jusqu'en 965 , que Salvator , évêque d'Aleth en Bretagne , craignant les suites de la guerre entre Richard , Duc de Normandie , et Thibaud , Comte de Chartres , vint à Paris avec toutes ses reliques , il les donna à Hugues Capet , Comte de Paris , qui les fit mettre dans l'église de Saint Barthelemy. Ces reliques étoient les corps des saints Magloire et Samson , évêques de Dol ; de saint Malo , évêque d'Aleth ; de saint Sinier , évêque d'Avranches , et de plusieurs autres saints , qui furent distribués peu de temps après à Beaumont-sur-Oise , à Corbeil et ailleurs. Ce qui en resta , et qui étoit très-considérable , engagea le Duc Hugues Capet à aggrandir le bâtiment de saint Barthelemi , qu'il fit dédier sous le nom du saint Apôtre et de saint Magloire , dont le corps étoit l'un de ceux dont on n'avoit rien distrait. Il y établit ensuite des Moines en place des Chanoines ; il leur donna un Abbé , avec beaucoup de terres. Le Roi

Lothaire, qui connnfirma cette donnation, y ajouta la chapelle de saint Georges, qui étoit située hors la cité, sur le chemin de saint Denis, à main droite, et que Hugues le grand, son pere, avoit autrefois donnée aux Chanoines de saint Barthelemi. La place adjacente de cette chapelle devoit leur servir de cimetiere. Le nom de saint Magloire ayant prévalu parmi le peuple, celui de saint Barthelemi fut éclipsé pendant plus d'un siecle, jusqu'à ce que les Religieux se trouvant trop resserrés dans la cité, se retirerent avec leurs reliques dans leur chapelle de saint Georges. Cette chapelle ayant pris le nom de saint Magloire, l'ancien nom de saint Barthelemi fut rendu à l'église voisine du Palais, en même temps qu'elle fut érigée en paroisse vers l'an 1140, avec le titre de prieuré-cure, toujours dépendant de l'Abbé et des Religieux de saint Magloire, dont quelques Moines resterent à saint Barthelemi, jusqu'à ce que les différends qui survinrent avec le curé les en eussent fait retirer. Le nom de prieuré est resté depuis à la maison curiale ou presbytere de saint Barthelemy. Le Palais, la sainte Chapelle, ainsi que celle de saint Nicolas, bâtie par le Roi Robert, et toute l'enceinte, étoient compris dans cette paroisse, parce qu'elle représentoit la chapelle primitive des Rois ; aussi portoit-elle le nom de paroisse royale, qu'elle a conservé jusqu'en 1791.

Une singularité touchant la paroisse de saint Barthelemy, c'est que les habitans du voisinage de la nouvelle abbaye de saint Magloire, rue saint Denis, lui furent attribués dans le siecle de l'érection de cette paroisse. Le casuel en devint plus fort, mais rendit aussi la desserte plus difficile, à cause de l'eloignement et à cause du passage du pont. Ces habitans ont formé depuis, la paroisse de saint Leu, dont j'ai parlé dans la premiere partie de mes Remarques. Il est certain qu'au 16e siecle les provisions de la cure de saint Barthelemi portoient cette clause : *Cum capellâ SS. Lupi, et Egidii ejus annexâ invico S. Dyonisii.* Le curé de saint Barthelemi faisoit sa résidence, au 15e siecle, auprès de saint Leu, sa succursale, qui n'est devenu paroisse indépendante de saint Barthelemy qu'en 1617. L'année de la dédicace de cette église est incertaine. On trouve qu'en 1549 on regardoit le 25 novembre comme le jour anniversaire de cette solemnité , soit de la premiere ou de la deuxieme église ; mais comme la fête de sainte Catherine arrive ce jour-là , on a sans doute oublié la dédicace , pour célébrer la fête de la sainte , comme de second Patron. De même qu'en Sorbonne on a changé le 21 octobre , jour de la dédicace de l'ancienne Chapelle , en une fête patronale de sainte Ursule ; comme si sainte Ursule et sainte Undecimilla, sa compagne , avoient quelques rapports avec des Docteurs de Sorbonne. Je dis Undecimilla , et non pas *Undecimmillia*, onze mille vierges. Les vierges de ces temps-là étoient aussi rares que celles de nos jours; et Paris , dans toute son étendue , n'en fourniroit pas un tiers.

On avoit embelli et aggrandi cette église autant qu'il avoit été possible ; mais étant devenue caduque et menaçant ruine, on en avoit reconstruit une nouvelle , qu'on avoit commencé par le portail , et ce bâtiment est resté imparfait. Puisque cette paroisse est supprimée , ce portail sera sans doute transféré ailleurs. Je l'avois proposé pour l'ancienne Abbaye de saint Magloire , rue saint

Denis, en supprimant la statue de sainte
Catherine, qui auroit été remplacée par
celle de saint Magloire, et ces deux saints
auroient continué d'être les Patrons de la
nouvelle paroisse, ainsi qu'ils l'étoient à l'Abbaye dans la Cité, au 9e siecle. Au moment que j'écris on commence à démolir
le portail que je revendiquois pour cette
paroisse ; il paroît que l'intention de la
Municipalité est de n'en faire aucun usage,
puisqu'on a abandonné ce beau morceau
au bras séculier des ouvriers, qui ont déjà
cassé le bras d'une figure du fronton ; elle
représentoit la Foi, et brisé la tête de la
Religion, dont l'attitude vénérable et tou-
chante auroit inspiré le respect à des cœurs
moins habitués à la destruction de nos monumens publics. On assure qu'on va élever
un Spectacle à la place de l'Eglise de saint
Barthelemy. Ce n'étoit pas sans doute l'intention de Hugues Capet, fondateur de
l'Abbaye de saint Magloire. Que diroit-il
d'un pareil changement ? n'auroit-il pas
raison de soupçonner une nouvelle invasion des Normands du 7e siecle, arrivant
à Paris dans leurs petits bateaux plats,
portant avec eux le fer et le feu, ravageant

et pillant tous les environs de la cité de
Paris, et d'une rive de la Seine à l'autre.
Les barbares dont parle le Moine Abbon,
épargnoient au moins les Abbayes, qui se
rachetoient au prix de l'argent ; mais dans
le 18e siecle on les détruit pour en avoir.

SAINT ELOY DES BARNABITES,

Ce qu'on appelle encore aujourd'hui la
ceinture de saint Eloy, formoit le quarré
de la maison que Dagobert avoit donné à
saint Eloy dans la Cité, dont le saint évêque fit un monastere de filles, qui contenoit trois cens Religieuses au temps de sa
fondation. Ce terrein renfermoit ce qu'on
appelle aujourd'hui les rues de la Calendre,
de la Vieille Draperie, de la Barillerie, jusqu'à
la rue au Fêvre. (*a*) Un Orfêvre avoir autant
de terrein, prouvoit que la cité alors n'étoit
gueres peuplée. Sainte Aure fut la premiere
Abbesse du Monastere de saint Martial. Il y
avoit dans le voisinage une Chapelle sous le titre
de ce saint évêque, dont on ignore l'origine

(*a*) Au Fêvre, non pas aux Fèves, comme ce quartier étoit de saint Eloy, qui avoit été orfèvre avant d'ê
tre évêque, le nom d'au Fèvre, par abbréviation d'or
fèvre, a été donné à cette rue.

et la fondation. Au 9e siecle ce monastere avoit changé de nom ; on l'appelloit l'abbaye de saint Eloy, suivant le diplome de Charles le Chauve, en 871 ; et quelquefois de sainte Aure, à cause des reliques de cette sainte, qui, inhumée à saint Paul, avoit été rapporté de ce cimetiere quelques années après sa mort arrivée en 666.

Les Religieuses étoient alors dans l'usage de sortir des cloîtres ; elles alloient en procession à la cathédrale, tant que cette abbaye fut sous la dépendance de l'église de Paris. La cathédrale étoit tenue de venir en procession à saint Eloy le jour de la fête, ainsi qu'à saint Paul, dépendant de cette abbaye. Il y avoit alors à ce sujet une part de distribution aux chanoines d'une certaine quantité de porc, de mouton, de vin et de bled : cet article est spécifié dans une charte de 1107.

Le relâchement s'étant introduit à l'abbaye de saint Martial ou de saint Eloy au commencement du 12e siecle, les religieuses ayant été dispersées, cette maison fut donnée aux Moines de l'abbaye de saint Maur-des-Fossés, qui l'occuperent jusqu'à l'année 1530, que ce prieuré fut réuni à l'évêché de Paris , avec l'abbaye de saint Maur, dont il dépendoit , et six prêtres séculiers payés par l'Evêque de Paris , y célébrerent l'office jusqu'en 1629 , que sous l'épiscopat de Jean-François de Gondy , les Barnabites furent mis en possession de l'église , qui tomboit en ruines ; à la charge par eux de la rebâtir : ils y travaillerent vers l'an 1640.

L'ancienne église étoit si basse , qu'on y descendoit par dix-huit marches ; ils l'ont relevée , rebâtie et embellie peu après sans la pouvoir finir , la voûte étant restée imparfaite. Les reliques de sainte Anne , premiere Abbesse du monastere de saint Martial , et celles de saint Eloy , fondateur , étoient conservées dans deux chasses d'argent placées à côté du Maître-Autel : le portail est d'une architecture correcte , il est d'après les desseins de Cartault.

Les Peres Barnabites sont originaires d'Italie : connus d'abord sous le nom de Clercs réguliers de saint Paul de Milan , on les appella depuis Barnabites , à cause de leur Chapelle de saint Barnabi , dont ils étoient en possession dès 1525. Ces ecclésiastiques , suivant leurs premieres constitutions , ne vivoient que d'aumônes. Clément VIII avoit approuvé leur institut formé par Antoine-Marie Zacharie ; leur Supérieur général étoit triennal , ainsi que ceux de leur maison. Ces ecclésiastiques respectables ont eu de grands hommes et ont rendu de grands services à l'église ; ils ont été d'une grande édification à Paris , et n'ont pas peu contribué à ramener , par leurs exemples , la discipline du clergé séculier. Ils avoient la cure de Passy , à laquelle ils nommoient un de leurs sujets. La révolution de 1789 leur ayant enlevé leur église et leur maison , les autels ont été renversés , les chasses des saints enlevées ; et leur église , qui avoit servi à la paroisse de saint Barthelemi depuis quelques années , sert maintenant de fonderie pour les cloches des églises supprimées.

Église de Sainte-Croix de la Cité.

C'étoit une chapelle ou oratoire renfermé dans l'interieur de l'Abbaye de saint Martial , dit de saint Eloy. La rue de la Vieille Draperie ayant été ouverte en face du Palais d'après le grand incendie arrivé à Paris au commencement du 11e siecle , cette chapelle se trouva hors l'enceinte du monastere , et a toujours appartenue au prieuré de saint Eloy. Pierre Danet , auteur de deux Dictionnaires connus , a été Curé de sainte Croix , dont il n'existe plus de vestiges du bâtiment , qui a subsisté durant trois siecles. Celui que nous voyons est de 1450 et fini en 1529 ; petite église étroite , obscure , qui n'a rien de remarquable , et dont on eût pu se dispenser de faire une paroisse , à cause du voisinage de saint Barthelemi : cette paroisse est maintenant réunie à la métropole.

Eglise de saint Pierre des Arcis.

Son nom des Arcis vient *d'Arcisterium asceterium* , monastere , parce qu'effectivement elle étoit à l'usage des domestiques de l'Abbaye de saint Eloy, dont elle a été séparée par l'ouverture de la rue de la Vieille Draperie qui traverse le terrein de saint Eloy. Saint Martial en est aussi le Patron , depuis la réunion de la paroisse de ce nom en 1720 , comme il l'étoit de l'ancienne Abbaye. Une Bulle d'Innocent II , en 1136 , l'appelle *Ecclesia S. Petri de Anionibus* , sans doute à cause du grand incendie arrivé dans ce temps-là à Paris. Le portique que l'on voit à cette église n'est que du commencement de ce siecle. Il n'y a qu'une maison appellée le Prieuré qui sépare cette église de celle de saint Barthelemy, qui toutes deux supprimées sont réunies à la cathédrale.

Sainte Marie-Magdellene.

Son origine date de l'an 1183, suivant des lettres de Philippe-Auguste, qui permit à l'évêque de Paris de convertir en église la synagogue que les Juifs avoient à cette même place lors de leur expulsion du royaume : ce qui confirme cette opinion, c'est ce qu'en dit Pierre, chantre de l'église de Paris, qui a vécu sous Louis VII, dans sa somme de Théologie, page cottée premiere, chap. 101. *Septem clerici*, dit-il, *volunt autorite Episcopi Parisiensis in ecclesiâ beatae Mariae Magdalenae ubi fuit sinagogua Judaeorum constituere fraternitatem spiritualem proponentes aggregare praebendas usque adviginti.* Il existoit donc d'après ce passage, une église de la Madeleine à la place d'une synagogue de Juifs

la rue s'appelle encore la rue de la Jui-
verie avant l'an 1197. Aussi voit-on dans
l'Histoire ecclésiastique de Paris un testament écrit en latin l'an 1205., dans lequel
le testateur met *Ecclesiae B. M. Magdalenae quinque solidos pro anniversario.* Le
titre d'archi-prêtre n'étoit pas encore attaché à cette cure dans le commencement
du 13e siecle, puisqu'en 1221 Guy, curé
de saint Jacques de la Boucherie l'étoit :
ce titre étoit attribué à celui des curés de
la cité ou du quartier de la ville que l'évêque
choisissoit. Cependant dans un acte de 1232,
tiré des archives de saint Magloire, sainte
Marie-Madeleine y est désignée comme ar-
chipresbytérale. Le portail et quelques arcades de la nef paroissent être du 14e siecle.
Un Guy d'Arbalête, qui avoit sa maison
rue des Marmouzets, avoit fait bâtir une
des chapelles à côté du chœur ; on y voit
ses armoiries au dehors dans le haut qui
regarde l'orient. En 1749 on élargit cette
église, à cause de la réunion des paroisses
de saint Christophe et de sainte Génevieve,,
de saint Symphorien dite de saint Gilles.
Resserrée par plusieurs rues, il a été im-
possible de donner à cette église plus d'é-

tendue : on y conservoit un morceau des reliques de sainte Madeleine , qui fut mis dans un chef d'argent par Louis de Beaumont , évêque de Paris en 1491. Il y avoit aussi un ossement considérable de saint Symphorien , renfermé dans une grande et belle image d'argent de ce saint martyr. Cette relique venoit de l'ancienne église de son nom.

Etienne Nyvert , Marchand de la rue saint Denis , avoit fondé à la Madelene les heures canoniales et la grande messe tous les jours. Il y avoit aussi un autre établissement pour tous les vendredis de carême, où on célébroit l'Office du vendredi saint , (ce qui n'a été aboli que sous M. le Cardinal de Noailles) sans doute pour la conversion des juifs , dans cet endroit même où ils avoient loué Dieu en aveugles , pour me servir de l'expression de la lithurgie , ce qu'on ignoroit peut-être alors au temps de la suppression de cette cérémonie. On compte parmi les anciens Curés de la Madeleine Gautier Alipo , mort à Nevers en 1420 ; Thomas Troussel, célebre Docteur, en 1478 ; Jean le Vaire et Jean Saulay ; Jean Emmery , chanoine de Notre-Dame, seigneur de Viroflé en 1495 , et qui mourut en 1517 ; Jacques Merlin lui succeda. Le dernier curé étoit , lors de la suppression de cette paroisse, M. Daniel Pierre Denoux, qui , depuis la réunion à la métropole , en est devenu le premier vicaire.

Ce qui a donné lieu à croire que saint Nicolas étoit un des patrons de la Madeleine , est la confrérie sous le nom de ce saint , qui , en 1245 , étoit appellé *Confraria mercatorum aquae Parisiensium* , dont maître Hubert et Etienne Barbette étoient alors Procureurs. Cette confrérie s'étant retirée ailleurs , la grande confrérie des Bourgeois a ura pris sa place ; on peut la regarder comme la plus ancienne de Paris avec celle des personnes qui assistoient aux matines de la cathédrale , qu'un titre de 1205 appelle *confraternitas beatae Mariæ Parisiensis surgentium ad matrelimas* ; elle étoit composée de pieuses personnes de la ville , qui , à l'imitation des chanoines , se levoient au milieu de la nuit et venoient à matines. Il est fait mention de la censive de la grande confrérie dans le cartulaire de Sorbonne à l'an 1241. *Censiva magnæ confratriae* ; et à l'an 1263, *censiva civium Parisiensium* ; c'est ce qui a fait le gros revenu de cette confrérie , à cause des maisons bâties dessus aux environs des Jacobins de la rue saint Jacques et ailleurs. En 1362. Charles , Régent de France, confirma cette association de confreres , par ses lettres-patentes. La Reine Blanche , mere de saint Louis , est la premiere femme qui s'y fit inscrire. Le Roi Louis XI voulut en être , et avec lui plusieurs de sa cour. Cette confrérie est la plus chargée d'anniversaires. On les accquittoit, depuis le siecle dernier , à la Madeleine. Il parut en 1728 un mémoire sur cette confrérie, qu'on peut lire dans le Mercure de France, au mois d'août , page 1886 : elle y est appellée la grande confrérie de Notre-Dame , aux seigneurs prêtres , bourgeois de Paris. Ils étoient dans l'usage de faire une procession solemnelle un des jours de l'octave de l'Assomption ; on y voyoit assister en étole les prêtres et les curés. Dès le temps de saint Louis elle avoit un Abbé qui en étoit le chef ; mais la révolution de 1789, qui a renversé tant d'églises , a englouti toutes ces fondations pieuses , en se réservant cependant les revenus. Mais que deviendra l'acquit de ces fondations , pour lesquelles il y a eu tant de legs et de donations ?

Saint Germain l'Evieux.

S. Germanus Aquosus.

La distance de cette église à la cathédrale n'est pas assez considérable pour empêcher de croire que là étoient les fonds baptismaux de la Cité. Le voisinage de la riviere, si l'on baptisoit par immersion, suivant l'ancien usage, la facilité de venir par eau soit en descendant ou en remontant la seine, tout annonce que cette chapelle ou oratoire, sous le titre de saint Jean-Baptiste, étoit le baptistaire de la cité et des environs. Il subsista jusqu'à ce que le bâtiment de la cathédrale fut achevé, avec le nouveau baptistaire de cette église, connue sous le nom de saint Jean-le-Rond, à cause de la forme ronde du vaisseau baptismal, et de la rotonde qui couvroit ce petit édifice.

Cette chapelle de saint Jean ayant été donnée par la suite aux religieux de l'abbaye de saint Germain-des-Prés, ils y apporterent le corps du saint évêque, à l'occasion du retour des normands à Paris en 886, et ne l'en retirerent qu'après la re-

C

traite de ces barbares. Depuis cette époque cetté chapelle conserva le nom de saint Germain-le-Vieux , c'est-à-dire l'Evieux , *A quosus , et non vetus* , à cause du voisinage de la riviere , qui , dans ce temps-là , n'étoit pas retenue par un quai élevé comme il l'est aujourd'hui. Il ne reste rien de cette ancienne chapelle , qui devint paroisse au commencement du 13e siecle. Elle se trouve dans le Pouillé de Paris au rang de celles qui étoient à la nomination de l'abbaye de saint Germain-des-Prés , qui la céda , en 1368 , à l'Université de Paris , en échange d'une chapelle de l'Université qui lui convenoit , dans son voisinage.

On commença à rebâtir l'église il y a environ deux cens ans. Le grand autel , construit alors , fut bâti en 1553. Ce ne fut qu'en 1544 que les paroissiens eurent la permission de faire porter dans la suite une banniere aux processions comme les autres paroisses ; auparavant elle n'en avoit pas , par la raison que dépendante de l'abbaye de saint Germain et à la nomination des religieux , elle n'en avoit pas le droit, et ne marchoit que sous la seule banniere

de l'abbaye , suivant l'usage ancien de l'é_
glise mere du fauxbourg.

Saint Germain l'Evieux a été réuni à la
métropole comme les autres paroisses de la
cité. Le derniercuré étoit M. Claude Couteaux , mort le 3o janvier 1791 , pasteur recommandable par son zèle éclairé, sa charité
bienfaisante,et son amour pour la chose publique. Cedigne prêtre se plaisoit à former à
la religion de jeunes éleves : (*a*) présentés par
lui à l'Officialité, ilsétoientsûrs des pouvoirs
qu'on leur accordoit sur l'attestation de
M. Couteaux. Ses lumieres lui avoient fait
connoître l'importance de la morale qu'il
se plaisoit de prêcher à ses paroissiens ; ses
discours étoient à leur portée, ils étoient sim-
ples comme l'évangile ; il n'agitoit que des
questions qui pouvoient instruire , éclairer
son troupeau sur les devoirs de la religion.
Les pauvres qu'il avoit nourri , habillé pendant sa vie , jouissent encore de ses bienfaits après sa mort.

L'argenterie de cette église étoit considérable ; la Municipalité , sans autre forme ,

---

(*a*) Il y en a un qui vient d'être nommé vicaire de
la métropole, pour augmenter ce nombre d'excellents sujets qui la composent , d'après le choix de M. l'évêque.

s'en est emparée , malgré les oppositions des Marguilliers et d'un Orfèvre , à qui il étoit encore dû la façon de cette argenterie , qui consistoit en une lampe , une croix et six chandeliers , le tout d'argent. Les cloches , au nombre de six , ont été descendues et fondues : il n'y reste rien que les murs. Le terrein et l'emplacement de l'église seront sans doute vendus comme biens nationaux.

SAINT PIERRE AUX BŒUFS.

Le surnom donné à cette petite paroisse de la cité , vient des deux figures de bœufs saillants aux côtés du portail de cette église , et qui n'ont été abattus que sous M. de Beaumont , archevêque de Paris. Toutes les conjectures qu'on a tiré de cette singularité , ne prouvent rien. Ce n'étoit point pour désigner que les Bouchers de Paris ayent eu jadis leur confrérie dans cette église , ni que la cité eut une boucherie dans le voisinage. L'ancienne police étoit mieux observée dans les siecles que nous appellons barbares ; les Parisiens ne souffroient rien qui pût porter atteinte à leur santé , à la salubrité de l'air et à la propreté des habitans. Il étoit réservé à notre siecle policé de voir dans les rues et les places publiques , et dans tous les quartiers de Paris , des tueries et des étalages de viande dégoûtants , et les ruisseaux roulant avec effort les immondices et le sang des animaux. Les Bouchers étoient placés hors des portes des cités , ainsi que leurs étaux ou boutiques : témoin la grande boucherie à la porte de Paris , au bas du grand Châtelet. Ce qu'il y a de certain , c'est que cette église étant sur la censive de l'abbaye de saint Eloy , lui appartenoit , et que dès le 12e siecle on l'appelloit *Capella s. Petri de bobus* , ainsi que l'annonce une Bulle du Pape Innocent II , en 1136. L'édifice de cette église , quoique petit , étoit très-élevé. La bâtisse est du 13e siecle ; elle avoit été réparée il y a quelques années. C'étoit la seule église de Paris où on ne mettoit point de chandeliers ni cierges sur l'autel ; ils étoient placés sur deux cridences à côté : c'est un reste de l'ancien usage. L'estimable Auteur de l'Histoire Ecclésiastique de Paris et du diocèse , a voulu prouver qu'une famille le Bœuf avoit peut-être donné son nom à cette petite paroisse : cette chimere , qu'il caresse dans tout ce qui a rapport à son nom , est bien inutile : ses recherches , ses découvertes dans nos anciens monumens , l'honorent plus aux yeux de la postérité que l'éclat d'un grand nom et les plus hautes dignités.

SAINTE MARINE.

Comme la multitude des chapelles bâties dans la cité provient de la grande dévotion des habitans , il n'est pas surprenant que la plupart aient dans la suite été érigées en paroisses. Celle de sainte Marine est du nombre ; elle fut érigée en cure sous le regne de Philippe-Auguste et à la collation pure et simple de l'Archevêque , et la seule qui fut dans ce cas , parce que toutes les autres étoient sur le territoire de quelqu'abbaye , chapitre ou prieuré. Elle devint paroisse de l'évêché , lorsque la cathédrale cessa d'être la seule paroisse de la cité , pour être destinée aux officiers et domestiques de leur maison. Le curé de sainte Marine avoit sa pitance à l'évêché , suivant les termes d'une enquête de 1495. Il étoit chargé de confesser les prisonniers de l'évêché , et il faisoit dans son église les mariages ordonnés par l'Officialité. Le Pouillé du 13e siecle désigne un curé de sainte

Marine ; ce qui prouve son ancienneté. Le bâtiment de cette église , quoique très-petit, étoit plus grand qu'il n'étoit originairement. Le sol de la rue qui avoit été élevé en ce lieu , étoit cause qu'on y descendoit quatre à cinq marches.

Jean Hurault , président en la Cour des Aides , décédé en 1505 , et François Miron , Lieutenant-Civil , mort en 1609 , y ont leur sépulture. Toutes ces églises de la cité étoient étroites , mal saines , obscures et mal-propres. On a bien fait de balayer tout cela, et d'en réunir les cures à la métropole , qui est la seule paroisse de la cité , comme elle a toujours été dans l'origine et avant que les chanoines se fussent dispensés de faire les fonctions curiales sous le nom et l'autorité de l'évêque. C'est ce qui s'est renouvellé depuis 1790.

Saint Landry.

Le Pouillé de Paris de 1220 , et rédigé dans la même année, annonce cette église comme appartenante , quant à la nomination , au chapitre de saint Germain Locereye : *Ecclesia s. Landerici.* Ce droit venoit sans doute des reliques de saint Landry que le chapitre avoit mis en dépôt dans cette chapelle de la cité pendant les guerres et l'invasion des normands : cette chapelle existoit sous les noms de saint Jean-Baptiste et de saint Michel, qui en étoient les patrons, et que les reliques de saint Landry auront fait oublier pour conserver celui du saint évêque. Dans la suite des temps, comme on ignoroit ce qu'elles étoient devenues, Pierre d'Orgemont, alors évêque de Paris, ayant ouvert la chasse de ce saint à saint Germain Loceroye, en tira deux ossemens qu'il donna à l'église de saint Landry, où ils ont été exposés depuis. Le bâtiment en est presque carré, peu étendu en longueur et accompagné d'une aîle de chaque côté. On peut en fixer la date vers l'an 1500. Guillaume Dauvet, Maître des Réquêtes, a été un des principaux bienfaiteurs de l'église de saint Landry, à qui il laissa des prés et des vignes en 1489. Jean Dauvet, premier président du parlement, et Jeanne de Boudrat sa femme, et MM. Boucherat, dont l'un a été Chancelier, ont été inhumés à saint Landry, ainsi que le célebre sculpteur Girardon , dont le tombeau mérite d'être vu. M. le Tourneux y a sa sépulture depuis 1686 ; et Jacques Leroy , archevêque de Bourges , en 1572.

On transférera sans doute à Notre-Dame le tombeau de Girardon et la belle descente de Croix en marbre qu'il a faite avant sa mort. Il y a à saint Landry des fonds baptismaux , les plus beaux de Paris. C'est un grand bloc de porphire , dont les charnieres et les autres ornemens sont de bronze doré d'or moulu. La Pierre , marbrier , exécuta ce beau morceau , qui fut placé en 1715 , et qu'on auroit dû transférer à Notre-Dame au lieu de celui qui a été placé en 1791.

Saint Denis du Pas.

Les fondations de quelques chanoines de la cathédrale occasionnerent la réparation de la chapelle de saint Denis dite du Pas, *à passione* , parce que ce fut en cet endroit qu'il y souffrit le martyre, comme je l'ai prouvé dans la premiere partie de ces Remarques , à l'article de la Métropole. Son peu de distance de la cathédrale a pu lui faire aussi donner le nom du Pas , *à passu.*

Quoi qu'il en soit , la paroisse de saint Jean-le-Rond , ancien baptistaire de la cathédrale , fut réunie à cette église de saint Denis ; les fonds baptismaux et l'office divin y ont été transférés , ainsi que les stations , et on a bâti à la place la grande porte du cloître du chapitre.

Le surnom de rond donné à saint Jean-Baptiste ou le baptiseur, vient de la forme des fonds baptismaux. La chapelle ou l'oratoire étoit bâtie en forme de rotonde. Ce nom n'est pas singulier à la cathédrale de Paris ; j'ai déjà dit que celles de Sens et d'Auxerre avoient aussi leur saint Jean-le-Rond comme leur Notre-Dame et leur saint Etienne. Cette même église a servi dans les derniers siecles de paroisse aux laïcs logés dans le cloître de Notre-Dame. L'Avocat Général Henry Boileau y fut inhumé en 1491 ; le fameux Gilles Menage , en 1692, et en 1706 Jean-Baptiste Duhamel , grand Théologien. Il y avoit avant la suppression du chapitre de la Métropole huit chanoines titulaires de cette église de saint Jean , dont deux faisoient alternativement la fonction de curé.

Je ne puis mieux finir ces remarques sur le grand nombre des paroisses de la cité, que par une réflexion qui naît du sujet, et qui les comprend toutes ; elles ne doivent leur origine qu'à des bourgeois de la cité, qui, par dévotion, érigeoient des oratoires dans les premiers siecles du christianisme à Paris, aux saints qu'ils affectionnoient le plus, ou dont ils avoient quelques reliques vraies ou fausses.

L'EGLISE DE SAINT DENIS DE LA CHARTRE.

C'est une erreur de croire, d'après la tradition populaire, que les prisons de Paris étoient du temps de saint Denis à l'endroit où est l'église, sous son invocation, et que ce saint y fut enfermé. On retrouve bien vers l'an 1000, sous le Roi Robert, qu'il existoit à l'endroit dont il s'agit une prison, *carcer parisiacus*, et dans le voisinage une chapelle en l'honneur de saint Denis, nommée *ecclesia sancti Dionisii de Carcere* ; ce qui ne prouve pas que saint Denis y ait été mis en prison, non plus que saint Simphorien, qui est dans le voisinage, appellé depuis la chapelle de saint Luc dans le même endroit s. *Simphorianus de canere*, comme on dit *s. Jacobus de carnificeria*. Ainsi, on peut assurer que le surnom donné à cette chapelle de saint Denis ne vient que du voisinage d'une prison bâtie dans cet endroit depuis l'incendie de 586 qui consuma celle de la porte méridionale de la ville. On pourra croire que cette église de saint Denis a été construite par les parisiens, à la sollicitation de sainte Génevieve, et où elle se rendoit avec ses compagnes pour les vigiles de la nuit du samedi au dimanche ; à moins que ce ne soit l'église de saint Denis-du-Pas. Cette église de saint Denis de la Chartre étoit desservie par des chanoines et administrée par un doyen, dont deux sont connus ; Milon en 1067, et Robert en 1122. Etant tombée en main laïque, Henri de France, frere du Roi Louis VII, la posséda, sous le titre d'Abbé, en 1133 ; jusqu'à ce que la Reine Adélaïde, femme de Louis voulant placer des religieuses à Montmartre, où étoient les religieux de Cluny, on donna à ceux-ci l'église de saint Denis dite de la Chartre. C'est ainsi que commença ce prieuré, membre de celui de saint Martin-des-Champs, jusqu'à la réunion de la mense priorale à la maison de saint François de Sales. Le savant Gilbert Génébrard étoit prieur de saint Denis de la Chartre en 1592. On peut juger de l'exhaussement du pavé des rues de la cité depuis la construction de cette église, qui sans doute va être démolie. C'est à cette occasion que nous prévenons qu'il y a une figure du 12e siecle enterrée à l'entrée du souterrein, elle est sans dessus dessous et sert de pavé dans l'église.

Il n'existe plus rien de l'ancienne église de saint Denis de la Chartre que les pilliers du sanctuaire, qui sont du 12 ou 13e siecle. Le reste a été renouvellé, ainsi que les vîtrages, sur un desquels étoit la figure de Jean Lagrange, cardinal d'Amiens sous le regne de Charles V : en sa qualité de prieur de cet endroit, il y étoit représenté avec ses armoiries. Les chaînes qu'on montroit dans la cave de saint Denis de la Chartre, et qu'on prétendoit avoir servi au saint martyr, doivent être mises au rang des impostures des temps de barbarie et d'ignorance ; quoique exposées à la vénération des fidèles jusqu'à la révolution. Cette église va être abattue. Les desseins qui

de cette église sont gravés dans les Antiquités
françoises dites nationales, (*a*) dont l'Auteur, M. Millin, a enrichi notre littérature :
on doit lui savoir gré de son travail et de
ses efforts à faire passer à la postérité nos
monumens antiques ; mais nous le prévenons que pendant que sa plume travaille
d'un côté à tirer de l'oubli ces mêmes monumens, le marteau des ouvriers et l'i-
gnorance aux oreilles longues abattent, dé-
truisent, renversent à la fois de tous les côtés
dans presque tous les départemens, ce qu'on
auroit pu recueillir des abbayes, monasteres et églises supprimées du royaume,
dans cette opération qui lui fait autant d'honneur, il faudroit des coopérateurs intelligens,
qui voulussent correspondre avec lui, *hic
opus*, *hic. labor*, et son ouvrage auroit un grand succès dans l'exécution.

Il y avoit dans un des côtés de la nef
une chapelle de saint Gilles et de saint
Leu, qui servoit de paroisse au 13.⁰ siecle, transférée de puis dans l'église de saint

---

(a) Cette entreprise considérable, et qui exige de
grandes dépenses, forme déjà 2 volumes in-4⁰. avec
des figures de nos anciens monumens presque à chaque
page. Elle honore tout à la fois l'auteur M. Millin, et
l'éditeur M. Drouhin, chez lequel on trouve cet ouvrage, ue Christine N⁰. 2.

Symphorien de la Chartre , qui étoit une collégiale fondée par Mathieu, comte de Beaumont , en 1206. Garnier de saint Lazare et Agnès sa femme , étoient inhumés près les marches de l'Autel. On lisoit l'épitaphe suivante en vieux langage. *Vos qui alez par cest moutiez , priez por l'ame de Garnier Tesaul , si en corcé je suis vosé si con je fui roiz si con ;* c'est-à-dire : vous qui venez en cette église , priez pour l'ame de Garnier Tesaul ; si je suis à présent enfermé , vous le serez un jour de même , quand vous seriez Roi.

LA SAINTE CHAPELLE DU PALAIS.

On la distingue entre la Sainte Chapelle haute et la Sainte Chapelle basse. L'édifice de dessous , qui est plus large , n'a , pour supporter le poids de la haute , que de petites colonnes très-peu éloignées des murs ; de sorte qu'on ne peut rien ajouter aux éloges que tous les Ecrivains ont donné à la batisse de la sainte Chapelle , comme à l'un des édifices les plus hardis qu'il y ait en Europe pour la délicatesse , et des mieux entendus pour la variété dans le peu d'é-tendue qu'il a.

Ce beau monument est la troisieme sainte

Chapelle bâtie par nos Rois. La première est celle de saint Barthelemi, sous les Rois de la premiere race ; la seconde , construite par le Roi Robert, deux cents ans avant saint Louis ; la troisieme , par ce saint Roi , qui est la seule qui existe aujourd'hui.

L'Architecte a été Pierre de Montreuil, le même qui a bâti la belle chapelle de Notre-Dame du cloître de saint Germain des-Prés et autres. La dédicace en fut faite le 26 Avril 1248 par Philippe Beranger , archevêque de Bourges , qui consacra la sainte Chapelle basse en l'honneur de la sainte Vierge. Quant à la Chapelle supérieure, la dédicace s'en fit le même jour et la même année par Odon , évêque de Tusculum , Légat du Saint Siége , sous le titre de la sainte Couronne d'épine et de la sainte Croix : en 1524 on consacra de nouveau le grand Autel , sans doute par les changemens qu'on fit à l'ancien. L'évêque de Mégare , abbé de saint Magloire, en fit la cérémonie, avec la permission de François Poncher , évêque de Paris.

On monte à la sainte Chapelle par 44 degres. Le Jugement dernier est représenté au haut du portail , suivant l'usage du 12e

et

et 13e siecles ; une statue de J. C. bénissant de la droite et tenant un globe de la
gauche , est au pillier qui sépare les deux
battans de la porte ; de côté et d'autres
sont des hiérogliphes et des traits de l'Histoire Sainte ; dans le bas sont les fleurs-
de-lys entremêlées avec les armes de Castille , par allusion à la Reine Blanche ,
mere du fondateur. Les vîtrages de cette
église font l'étonnement des spectateurs ;
ils sont tous du temps même de la construction , à l'exception de celui qui est
au-dessus de la porte , lequel représente
les visions de l'apocalypse ; il est de deux ou
trois cens ans.

Cette église , avant sa suppression ,
étoit dépositaire des reliques précieuses
que la piété de saint Louis y avoit , pour
ainsi dire , entassées. Une grande chasse de
bronze doré , placée au chevet du chœur ,
derriere le Maître - Autel , renfermoit les
instrumens de la passion de N. S. , sa couronne d'épines , une portion de sa croix, l'é-
ponge , une partie du roseau , et plusieurs
autres reliques qui en ont été retirées et transportées au trésor de saint Denis en 1791. Au-
dessus de l'Autel étoit le modèle de la sainte

Chapelle, enrichi de pierreries; ce morceau, d'un travail inestimable et en argent doré , pesoit 6oo marcs : il a été descendu , et sans doute fondu pour les besoins publics. Les reliques consistoient encore dans le chef de saint Louis , renfermé dans un reliquaire d'or. Sa tête avoit été apportée ici de l'abbaye de saint Denis en 13o6 : on l'a remise dans la chasse qui renferme les ossemens de ce saint Roi. On voit , par des lettres de 1322 , qu'aux quatre fêtes annuelles, et jusqu'à la distance de 34 lieues de Paris, on portoit ces reliques par-tout où le Roi se trouvoit : les freres et les sœurs de l'Hôtel-Dieu les menoient sur des chevaux du Roi , conduits par quatre valets.

Les dignités de la sainte Chapelle consistoient en un Trésorier , qui avoit le droit de porter la mître et l'anneau lorsqu'il officioit. Dans l'origine il n'étoit qualifié que de Maître Chapelain. Le premier fut un nommé Mathieu , auparavant Chapelain de saint Nicolas du Palais. Grégoire de Meulan lui succéda en 1363. Les plus célebres de ces Trésoriers , par leurs sciences ou leurs dignités , sont Pierre Dailly , qui devint ardinal et qui mourut sous Charles VI

Pierre Bechebien , Médecin de Charles VII ,
depuis évêque de Chartres ; Robert Cenal ,
auteur de quelques ouvrages , évêque d'A-
vranches , mort en 1560. M. de Vichi-
Chamron a été long-temps Trésorier ,
et il est mort dans un âge avancé. M. de
Mouy, ancien curé de saint Laurent, quilui a
succédé,a été le dernier Trésorier de la sainte Chapelle ; savant qui a enrichi notre littérature de plusieurs morceaux d'éloquence,
cher à la société par ses vertus morales
et civiques. Ce n'est que dans le siecle dernier que la sainte Chapelle a adopté les
usages et les livres romains ; elle se servoit auparavant de ceux du diocèse de Paris ;
on ignore la cause de ce changement , qui
ne fait pas honneur au goût ni à l'érudition de ceux qui ont présidé à ce choix :
on connoît l'ineptie du Bréviaire romain , qu'on ne peut lire décemment en
françois , sur-tout les leçons , les antien-
nes et les répons : insupportable par sa
monotonie , il y a long-temps qu'on auroit
dû renvoyer cette rapsodie au - delà des
monts ; elle est encore en vogue chez les
Lazaristes , les Mathurins , les Théatins ;
enfin chez tous les Moines , à l'exception

des Bénédictins , dont les Bréviaires ne va-
loient pas mieux : ils en avoient enfin adopté
un nouveau digne des savans religieux qui
l'avoient redigé; mais qui est venu trop tard ;
et l'édition, faite à grands frais, a été en pure
perte pour la Congrégation de saint Maur.

Parmi les curiosités de la sainte Chapelle,
on distinguoit la figure qui terminoit le
bâton du Chantre. L'apothéose de l'Empereur Auguste est un morceau précieux ;
c'est une agathe onix de figure ovale , longue d'environ un pied ; il est accompagné
d'autres figures dont l'explication a donné
lieu à bien des commentaires. Le nouvel
ostensoire ou soleil , de la hauteur de près
de quatre pieds , est un morceau unique
en son genre ; il est d'argent. Le saint
Louis prosterné en adoration , est d'un
fini admirable ; la draperie en est légere.
On ignore ce qu'il est devenu , ainsi que
l'argenterie considérable de cette église.
Un chanoine de la sainte Chapelle en a
donné l'histoire en 1789. La révolution a
empêché le débit de cet ouvrage. On doit
savoir gré du moins à l'Auteur de ses recherches et de son travail sur ce pieux monument, dont le bâtiment sans doute n'aura

point à souffrir des changemens arrivés dans nos édifices sacrés. Il ne manqueroit plus que ce trait pour donner le dernier coup de pinceau au tableau de la barbarie et de l'ignorance de nos novateurs en systêmes et en politique, et qui, ne respectant ni le sacré ni le profane dans leurs spéculations, leurs changemens et leurs suppressions, dans tout ce qui tient aux arts et à nos anciens monumens, prouvent bien ce que Pasquin reprochoit à un cardinal à Rome : *quod non fecerunt barbari, fecere barbarini;* tous les barbarins ne sont pas originaires d'Italie ; il en est en France qu'on peut citer depuis 1789.

Saint Louis en Isle.

Succursale de la Métropole.

Cette isle appartenoit à l'église cathédrale bien avant le neuvieme siecle ; elle étoit inhabitée jusques vers la fin du dernier ; elle ne servoit qu'aux blanchissages des toiles, dont le bénéfice appartenoit à l'évêque et aux chanoines. Les comtes de Paris s'en étoient emparés ; mais Enée, évêque , obtint , en 867 , qu'elle fut restituée à son église.

En 1432 et 1496 cette isle étoit composée de deux parties , dont l'une étoit appellée l'isle aux vaches , et l'autre l'isle tranchée , et on continuoit d'y blanchir des toiles au profit de l'évêque ; ce ne fut que vers le commencement du 16e siecle qu'on y construisit une chapelle ; mais les chanoines de Notre-Dame s'opposerent à ce qu'on y bâtit. Le motif de ce refus étoit la crainte que cela n'ôtât les vues de leurs maisons canoniales. Cependant les habitans s'étant trouvés multipliés en 1623 au nombre de deux cents, tant propriétaires que domiciliés, ils augmenterent la chapelle, qui alors eut douze toises de longueur sur sept de largeur , et ils obtinrent de l'archevêque, le 14 avril , que Louis Guyard , prêtre d'Avignon et patronotaire , y fit les fonctions de curé. Son titre de Saint Louis lui vient sans doute du premier desservant ou d'un tableau qui représentoit ce saint Roi , un autre tableau de sainte Cecile , faisoit toute la décoration ; et malgré cela , dès le 14 juillet , elle fut érigée en paroisse sous le titre de Notre-Dame de l'Isle , du consentement des curés de saint Gervais , de saint Paul , saint Jean et saint Nicolas du Chardonnet ; et le desservant devint le premier curé.

Les changemens survenus dans les paroisses de Paris depuis la révolution , ont fait supprimer celle-ci qu'on destine pour n'être qu'une succursale , elle sera d'autant plus nécessaire , que le grand éloignement de la métropole la rend indispensable. Cependant comme le projet est de faire autant de paroisses que de sections , celle de l'Isle étant considérable , on ne peut qu'espérer que saint Louis sera conservée pour être la paroisse de la section de l'isle.

L'église de saint Louis n'est pas achevée , il ne lui manque qu'un portail et une tour plus élevée. La suppression de quelques maisons à côté de la porte collatérale , suffira pour donner à cette église plus d'étendue. Je voudrois qu'on supprimât le tableau du Maître-Autel et le retable de bois doré et la table de l'autel , qu'on y substituât un autel en marbre , et qu'on apperçut la chapelle derriere le chœur. Cette église a été embellie de nos jours , et le buffet d'orgues réparé par feu M. Cliquot.

M. Miroir en est l'Organiste. Les chapelles collatérales sont de bon goût ; il faudroit supprimer les bancs d'œuvre, bien inutiles dans nos églises, parce qu'ils occupent un terrein précieux, envahi par la morgue des Marguilliers, inutiles depuis la suppression des Fabriques. La distinction des places est un attentat à l'égalité, et insulte à la majesté du Dieu qu'on y adore, et au système de ceux qui soutiennent que tous les hommes sont égaux.

Un autre abus, c'est le petit cimetiere pratiqué dans l'intérieur ou cour d'une maison voisine de l'église ; ce foyer de corruption devroit être transféré à l'extrémité de l'isle, dans un lieu découvert et séparé de toute communication. Il est tems enfin qu'une stupide indifférence de la santé des citoyens soit anéantie, et que la barbare superstition cesse d'empoisonner les vivans sous le prétexte d'honorer les morts, dont la dépouille infecte fait une partie de son bénéfice et de son lucre sordide.

Il seroit à désirer que le clergé ne se mêlât plus des enterremens, qu'il ne s'en fît aucun qu'après la visite du Chirurgien de la section , et sur son rapport au commissaire , qui donneroit son vu pour l'inhumation gratuite du cadavre , qui seroit porté décemment au cimetiere commun , sans chant , ni cierges , ni flambeaux , ni cloches , ni tentures ; que cette cérémonie fût purement civile sans transporter les morts dans une église , en les exposant au milieu du chœur au pied du sanctuaire , contre l'esprit de l'église et des réglemens qu'elle a rendu en différents temps à ce sujet.

La section de l'Isle formant un quartier absolument séparé de Paris , son isolement la sequestre , pour ainsi dire , de toute communication , il seroit nécessaire d'y former une bibliotheque , à l'établissement duquel elle feroit les frais préliminaires ; c'est-à-dire , du local , et d'un Bibliothécaire en chef et d'un commis en sous-ordre. Les livres des bibliotheques qui sont à la dispos tion du Département , formeroient celle de l'Isle ; ils seroient mieux placés que vendus à vil prix , comme on se le propose ; les réclamations déjà faites à ce sujet paroissent inutiles. Les abus semblent s'étendre à mesure qu'on cherche à les détruire. Ces livres serviroient du moins à l'utilité publique ; et le plan que je propose pour placer une bibliotheque dans la section de l'Isle de Saint Louis, peut s'étendre à quelques autres sections non moins nombreuses et aussi intéressées à s'instruire que celle dont je parle.

EGLISES ET PAROISSES SUPPRIMÉES

de la Ville et des Faubourgs de Paris.

SAINT JEAN EN GREVE.

Il y a lieu de croire que la chapelle de saint Jean , voisine de l'église de saint Gervais , n'étoit originairement que le baptistaire de ce quartier , trop éloigné de la cathédrale pour y recevoir ce sacrement , et n'est devenue dans la suite une paroisse qu'en 1212 , à l'occasion de la nouvelle clôture de Paris sous Philippe - Auguste. Ainsi saint Jean en Greve n'étoit qu'un démembrement de la paroisse de saint Gervais , suivant l'acte d'érection : *cura sancti Joannis suum sumpsit ex ordium à curiâ sancti Gervasii.* De-là les charges supportées par le curé de saint Jean et les redevances envers le chapitre de Notre-Dame. C'est dans la rue des Jardins , dite des Billettes , située sur cette paroisse , qu'arriva le miracle de la sainte Hostie outragée par un juif ; miracle qu'on peut mettre au rang des fables , et placer à côté de celui de la rue aux Ouës : l'histoire en est trop connue pour la rapporter ici. Mais le concours qui se fit alors dans cette église trop petite, obligea d'en rebâtir une autre plus spacieuse. C'est ce que le Roi Charles le Bel permit en 1326. Le bâtiment qui fut fait alors est celui du chœur et de la nef. Les deux tours et le portail de la rue ne sont que du 15e siecle. La belle chapelle de la communion est moderne, ainsi que les bâtimens qui la joignent, et n'ont été finis que sous le dernier curé, M. Marc-Louis Royer. Ce pasteur, aimé, chéri de ses paroissiens, a édifié le troupeau confié à ses soins. Successeur de M. Felix Enault, il en avoit la piété, le zèle et la charité. La paroisse du Marais regrettera long-temps ce respectable curé, que les circonstances et la révolution lui ont enlevé; mais au moins, il sera toujours un bel exemple à suivre pour ceux qui auront la même carriere à parcourir.

Avant la révolution il y avoit peu d'églises à Paris qui possédassent autant de reliques que saint Jean en Greve, qui les avoit reçus de Lyon, sans doute à cause de sa liaison intime avec la primatiale des Gaules. On n'ignore pas que saint Jean

Baptiste et saint Jean-l'Evangéliste sont les patrons de l'église de Lyon comme de saint Jean-en-Greve. De sorte que les reliques de saint Jean envoyées en 1312 ayant été vérifiées par l'évêque de Mégare , abbé de saint Magloire en 1550 , il y trouva un bras de saint Polycarpe , martyr , évêque d'E-phese ; un bras de saint Just , évêque de Lyon ; des reliques de sainte Irene et de saint Antioche , de saint Nizier et autres saints , toutes vérifiées par le trésorier de saint Nizier , suivant un billet en latin trouvé dans la même chasse : toutes ces reliques furent mises dans une nouvelle chasse d'argent , en 1724 , par M. le Cardinal de Noailles , lorsqu'il bénit le grand Autel. Mais les reliques les plus avérées de cette église étoient celles de saint Fran-çois de Salles , évêque de Geneve. Elles consistoient en quelques parties de son corps, quelques-uns de ses vêtemens , un sermon de l'Assomption écrit de sa main et prêché par lui dans la même église , sa mître et son anneau pastoral. On ne sait ce que sont devenues ces reliques précieuses , ainsi que l'argenterie du Maître-Autel et les reliquai-res ; tout cela a disparu : mais les fonds baptismaux, l'aigle et les ornemens, ont été transférés à la paroisse du Marais, qui auroit pu conserver le titre de saint Jean, comme je l'ai dit dans les Remarques historiques, à l'article de cette paroisse.

On chantoit tous les jours à saint Jean-en-Greve, Matines, la messe et les vêpres, fondés par Marie Dubois, Dame de la Grange, veuve d'Ansel Choquart, Conseiller du Roi Charles V, en 1363.

Jean-Pierre Camus, évêque du Belley, ami particulier de saint François de Salles, avoit été baptisé à saint Jean-en-Greve. L'inscription, qui est de 1641, portoit qu'il y avoit prêché trois carêmes.

On remarquoit à saint Jean-en-Greve l'épitaphe d'Alain Veau, qui mourut en 1575, avec le titre de Trésorier sans reproche, à cause de sa fidélité dans le maniement des finances sous quatre de nos Rois. On voyoit vis-à-vis la Chapelle de la Vierge l'épitaphe du célebre Jurisconsulte Antoine Loisel, et de sa famille. Michel-Antoine Baudrond ; Auteur d'un grand Dictionnaire géographique latin, repose dans cette église. Pierre le Boucher, curé de Vitry en Pertois, et Archidiacre de Vertus, au diocèse de Châlons, avoit été vicaire de saint Jean et y étoit mort en 1483, suivant l'inscription en vers françois du goût de ce temps-là.

On regrettera toujours l'ordre et la majesté des cérémonies qui s'observoient dans cette église, l'exactitude de l'office canonial, la propreté, la décence, la richesse et le goût des ornemens, la beauté du Maître Autel, la décoration du chœur et la piété des vertueux ecclésiastiques qui dirigeoient cette paroisse. Saint Jean-en-Greve étoit, pour ainsi dire, consacrée au plus grand de nos mysteres. Les fêtes de la Réparation en avent et en carême, en septembre et dans le temps du carnaval, étoient un hommage continuel rendu à l'Eucharistie par ce clergé édifiant.

La situation de l'église de saint Jean a été un des principaux motifs de sa suppression : adossée, pour ainsi dire, à l'Hôtel-de Ville qui en masquoit le portail, le voisinage d'une autre église, toutes ces considérations ont pu déterminer la préférence accordée à saint Gervais, qui d'ailleurs est plus ancienne que saint Jean, qui jusqu'alors a été la paroisse de l'Hôtel-

de-Ville , de sainte-Croix de la Bretonnerie , des Capucins du Marais et des PP.
Billettes. Le miracle de la sainte Hostie
dans le treizieme siecle a donné de la cé-
lébrité à cette église et lui avoit attiré dans
ce temps un concours si considérable qu'on
avoit été obligé de l'aggrandir au chevet
jusqu'à l'hôtel-de-ville.

Saint Etienne-du-Mont.

La premiere église qui ait servi aux habitans du Mont, où il n'y avoit que des
vignes et des vergers , étoit, dans l'origine ,
la chapelle souterraine de la collégiale
royale dite de sainte Genevieve , dont le
chef étoit un doyen au onzieme siécle , on
y administroit les Sacrements aux domestiques et aux vignerons de l'Abbaye ; cette
chapelle portoit le nom de Notre-Dame ,
ensuite de Saint Jean, et on l'appella vulgairement Saint Jean du Mont. C'est ainsi
qu'à saint Victor les Habitants de l'Enclos
ont eu jusqu'à nos jours leur paroisse ,
sous l'Eglise et aussi du titre de Notre-
Dame.

Cette

Cette chapelle , qualifiée de paroisse par Clément III pape , dans une lettre à Maurice de Sulli , évêque de Paris , n'étant plus suffisante pour contenir les habitans qui se multiplioient sur la montagne , depuis la nouvelle enceinte de Paris en 1211 , par Philippe-Auguste , obligea d'en construire une autre au dehors , que l'abbé Etienne voulut rendre indépendante de l'ordinaire , malgré les oppositions de l'évêque de Paris , qui prétendoit que les habitans de saint Jean - du - Mont étoient assujettis comme ceux des autres paroisses de Paris , à la coutume de payer en se mariant un plat de viande au marguillier de la cathédrale.

En effet , l'évêque de Paris ayant permis d'ériger un autel paroissial hors de l'église de sainte Genevieve , en 1220 ou 1221 , on bâtit une église si proche de celle de l'abbaye , que c'étoit par cette église qu'on entroit dans la paroisse ; cette ancienne ouverture pour le passage , subsiste encore dans le mur , du côté septentrional : de sorte qu'elle se trouva long - temps renfermée dans l'enceinte de l'abbaye , *infrâ ambitum monasterii nostri* , disoit l'abbé Pierre , dans la présentation à la cure du 3 mai 1445.

C'est alors que cette nouvelle église fut dédiée sous le titre de saint Etienne, sans doute à cause des reliques du premier martyr qui furent données , de ce qu'on en avoit trouvé dans la vieille basilique de son nom , lorsqu'elle fut démolie en 1194 , ou peut - être même de l'église de sainte Genevieve , où il y avoit un autel du titre de ce saint. Quoi qu'il en soit , il n'existoit point d'église du nom de saint Etienne sur la montagne avant l'an 1225.

En 1491 , on conçut le projet d'augmenter cette église , devenue trop petite pour les paroissiens ; mais au lieu de l'augmenter , on prit le parti d'en bâtir une tout-à-fait neuve. La construction eut lieu du côté de l'orient , dans les premieres années du regne de François premier ; construction d'un genre nouveau , qui , quoique mêlée de gothique , a ses beautés , étant hardie et délicate , principalement le jubé. L'ouvrage étoit assez avancé en 1541 , pour que l'évêque de Mégare. fît la bénédiction des autels , comme délégué de l'évêque de Paris. Par les dates des aumônes des pa-

roissiens , on voit qu'on y travailloit encore
en 1552 et 1565.

La premiere pierre du portail fut posée
en 1610 par la reine Marguerite de Valois :
il n'étoit pas encore fini en 1624. Enfin , en
1626 , la dédicace en fut faite par Jean-
François de Gondy , archevêque de Paris ,
le dimanche de la sexagésime de cette année ; mais on en remit l'anniversaire au
premier dimanche de juillet ; et les fonds
baptismaux , qui jusqu'alors avoient été
à sainte Genevieve , furent transférés vers
ce temps-là en la nouvelle paroisse.

Les chanoines réguliers ont toujours
desservi cette cure. Le dernier a été M.
François Sécrey de Penvern. Philippe le Bel,
en 1534 , et Joseph Foulon en 1559 , tous
deux abbés de sainte Genevieve , ont été
curés de cette paroisse.

Le titre de saint Etienne vient d'être
supprimé. Cette église portera désormais
le nom de sainte Genevieve , dont on transférera les reliques, les ornements et les
monuments , ainsi que les sépultures. Il
seroit à désirer qu'on laissât subsister l'ancienne tour de la vieille église de sainte
Génevieve , et les cloches qu'elle renferme ,

pour l'usage de la paroisse , la tour de saint Etienne étant trop étroite et ne pouvant servir que pour l'horloge. La réunion de la paroisse de saint Benoît à celle de sainte Genevieve , est préjudiciable aux habitants du quartier de la rue saint Jacques, trop éloignée de cette paroisse du Mont. Sans doute que l'église de saint Benoît , propre et bien placée , subsistera comme succursale pour la commodité des habitans.

SAINT HILAIRE DU MONT.

Cette église est très-ancienne , ainsi que le culte du saint évêque de Poitiers. On prétend que Clovis fit construire en cet endroit un oratoire dans le voisinage de son palais, en l'honneur de saint Hilaire , aux prieres duquel il se croyoit redevable de la victoire remportée sur Alaric , roi des Goths. On voit le nom du saint évêque célebre dès les premiers temps de la Monarchie. Les rois de la premiere race visitoient son tombeau , ainsi que celui de saint Martin. Frotbald , abbé de sainte Génevieve , fit reconstruire la chapelle de saint Hilaire au 7e siecle ; il y plaça des reliques qu'il avoit en sa possession , et la nomination appartint dans la suite au chapitre de saint Marcel , à cause du clos Bruneau , qui étoit de sa censive , et sur le fond de laquelle étoit bâtie l'église de saint Hilaire.

Il paroît, par un titre de 1200 , que ce chapitre nommoit à la cure , suivant le Pouillé écrit vers ce temps-là.

Le clos Bruneau comprenoit un terrein formé de vignes, sur lequel on a bâti depuis les maisons des rues des Carmes , saint Jean-de-Beauvais et d'Ecosse.

Le petit clocher de saint Hilaire est moderne ; mais le portail est ancien , il est du 13e siecle. Le reste de l'édifice a été reconstruit en 1470 , et embelli et réparé en 1700 et années suivantes , par M. Jollain , curé de cette paroisse , qu'il a enrichie d'une relique de saint Hilaire en 1705. Le collége d'Harcourt, rue de la Harpe , étoit de cette paroisse , malgré les réclamations du **curé** de saint Côme , parce que le collége étoit bâti sur la censive du chapitre de saint Marcel , d'où dépendoit la cure de saint Hilaire. On remarque dans l'aîle septentrionale , à côté du chœur de cette église , la sépulture d'un jeune pensionnaire du collége d'Harcourt ; Louis-Hercule Raimond Pelet, fils de François-Raymond de Narbonne - Pelet et de Marie Rosset de Fleury. Sur sa tombe de marbre blanc on lit son épitaphe latine sans date, mais seulement l'année 1747, où il est dit qu'il avoit à peine atteint l'âge de dix ans, et cette inscription est terminée par ces mots : *sancte puer ora pro nobis.* Cette église, qui n'avoit rien de remarquable, a été supprimée, et la paroisse réunie à celle de sainte Genevieve.

L'EGLISE DES SAINTS INNOCENTS.

Cette paroisse étoit déjà réunie à celle de saint Jacques le Majeur, et le cimetiere qui étoit contigu n'existoit plus lors de la révolution : c'est comme d'une des anciennes églises de Paris que j'en donne l'histoire abrégée.

Tout ce qu'on a écrit ou débité sur l'origine de cette église est fabuleux, incertain ; on ignore le temps de sa fondation. Le sentiment de quelques historiens m'a paru si peu vraisemblable, que je me crois dispensé de répéter toutes les extravagances débitées à ce sujet. On prétend que des biens confisqués sur les juifs chassés du royaume, on a bâti cette église des saints Innocents. C'est la même histoire que celle qui a donné lieu à l'origine de l'église de la Madeleine. On sait que les juifs, toujours persécutés, ont été dans tous les tems maltraités, foulés, écrasés, que leurs richesses ont été l'objet de la cupidité et de la jalousie des grands, et le prétexte de la haine du peuple, que pour s'approprier leurs dépouilles, on leur a prêté tous les vices imaginables, les crimes les plus atroces, les absurdités les plus révoltantes ; tout, jusqu'à l'effusion du sang humain, du meurtre et de l'assassinat des enfans en haine de Jesus-Christ, qu'ils ont toujours méconnu : ces abominations sont l'ouvrage des écrivains du 10e et 11e siecles et des suivants.

Cassiodore, Munster, Mathieu Paris et Antoine Bonfin, ont fait des juifs des portraits odieux ; leurs plumes trempées dans le sang, ne retracent que des horreurs. Il étoit réservé à notre siecle de ne voir dans les juifs que des hommes comme nous, adorant le même Dieu que nous, et rendus enfin à la société, dont un préjugé barbare sembloit les avoir séparés pour jamais. Le décret de l'Assemblée Nationale en a fait des citoyens. Les talens, les vertus et le mérite des principaux juifs répandus sur la surface de la France, des pays voisins, semblent justifier l'opinion de nos Législateurs, qui ont prouvé que les hommes étoient tous freres.

Il ne faut donc attribuer la fondation de l'église des saints Innocents qu'à la piété de quelques particuliers dont les noms sont restés dans l'oubli. Cette chapelle bâtie sur le terrein de Châmpeaux, *Campelli*, existoit avant le regne de Philippe-Auguste, qui la fit rebâtir lorsque ce Prince fit entourer de murs le cimetiere voisin. Suivant *le Gallia christiana*, elle existoit avant l'an 1150 avec le titre de cure, et il y est dit que Guy, doyen de saint Germain, consentit avec son chapitre au décret de Thibaud, évêque de Paris, pour la présentation à la cure des saints Innocents en faveur du chapitre de sainte Opportune. Ce qui prouve l'antiquité de cette paroisse érigée avant le milieu du 12e siecle, c'étoit le sanctuaire dont la structure plus massive étoit plus ressemblante à celle du bas de la tour ou clocher que nous avons vu de nos jours. Une permutation faite entre le chapitre de saint Mery et l'abbaye de saint Magloire, en 1156, à laquelle le chapitre donne un terrein en échange , *pro parte cujusdam terræ quæ est ad capucium ecclesiæ sanctorum Innocentium* , prouve l'ancienneté de cette église et du droit du chapitre dé sainte Opportune à la nomination de la cure des Innocents. Louis VII y avoit une dévotion particuliere ; il ne juroit que par les saints de Bethleem , ainsi que Louis XI , qui avoit une grande prédilection pour cette église , dans laquelle il avoit fondé six enfans de chœur , qui ont donné lieu , par l'excédent de leur entretien , à l'établissement de la musique , transférée depuis la réunion à saint Jacques-le-Majeur.

On ne connoissoit d'autres reliques des ss Innocents que celles du jeune Richard, martyrisé , dit-on , par les juifs à Pontoise , et dont le corps ayant été transporté à Paris et inhumé dans cette Chapelle , avoit été levé de son tombeau par les Anglais , maîtres de Paris sous Charles VII , qui l'emporterent dans leur pays , à la réserve de la tête ,

que Louis XI fit placer dans un magnifique reliquaire, transféré à saint Jacques
depuis la réunion des deux paroisses.

On voyoit dans le chœur de l'église des
saints Innocents le tombeau d'un évêque
de Chartres, neveu du Pape 4e, dont voici
l'épitaphe :

» Ci-gist noble homme Simon de Perru
» che de bonne mémoire, jadis évêque de
» Chartres, neveu de notre pere l'Apos
» tole Martin, qui a élu céans, par hu
» milité, sa sépulture entre les pauvres,
» et trépassa l'an de grace 1297, le lundi
» d'après la Toussaint : priez Dieu pour
» lui. «

La figure qui étoit sur son tombeau avoit
été transportée dans l'église ; on la voit à
saint Jacques-le-Majeur, dans le passage
du côté du petit Cloître des Charniers,
d'Alix la Bourgotte, recluse, qui mourut le 24 juin 1466. Louis XI lui avoit
fait ériger un tombeau dans la chapelle de la sainte Vierge, où elle étoit
représentée, tenant un livre ouvert ;
elle porte une ceinture semblable à celle des
Cordeliers : cette figure en bronze a été
placée dans la grande nef de la commu

nion à saint Jacques. Plusieurs hommes célebres étoient inhumés aux saints Innocents, entr'autres François-Eudes de Mezeray, Historiographe célebre du siecle dernier. Cette paroisse, au reste, avoit fort peu d'étendue ; il ne reste aucun vestige de l'église ni du cimetiere ; l'un et l'autre ont été remplacés par un vaste marché, au milieu duquel on a élevé la belle fontaine de la rue saint Denis, placée auparavant au coin de la rue aux Fers. On regrette que cette place soit gâtée par un corps - de - garde, précisément en face de la rue Aubry-le-Boucher, ce qui en masque toute la beauté, ôte le coup d'œil ; dépense d'autant plus inutile, qu'il en existe un du côté des halles en face de la place. Lorsqu'on jette les yeux sur ce corps-de-garde orné d'un portique, d'un fronton et de colonnes, on croit être transporté à Rome et entrer dans une chapelle du *forum*. On s'est peu soucié d'embarrasser un quartier, de gâter une place superbe, pour élever sur les ruines et à la place d'une de nos anciennes églises un corps-de-garde, tant la manie de détruire et de reconstruire a fait de progrès depuis la révolution.

LE CIMETIERE DES SS. INNOCENTS.

Comme il n'étoit point d'usage chez les Romains de donner la sépulture aux morts dans les villes, mais sur les grands chemins ou dans les champs voisins ; long-temps avant le christianisme, les Senonois parisiens suivirent cet exemple ; et dans les premiers temps de la prédication de l'évangile, il n'y eut que les rois, les princes, les évêques, qui furent inhumés dans les cryptes des basiliques, ou les oratoires. Le mont Leucotetius, aujourd'hui de sainte Genevieve, étoit la sépulture des évêques de Paris, comme Prudence, et des rois comme Clovis, sainte Clotilde, et les enfans de Clodomir dans l'église des saints Apôtres ; mais le cimetierre, le plus ancien de Paris, étoit la tombe isoire dont le nom a donné lieu à la tradition du géant Isoire inhumé dans cet endroit, qui formoit une grande plaine sur le chemin d'Orléans, et destiné à la sépulture des morts ; les payens avoient commencé à en faire usage, les premiers chrétiens continuerent. Ce terrein occupé maintenant par l'église de Notre-Dame-des-champs et une partie de celui des **Chartreux,** nommé Mureaux , étoit ce qu'on appelloit le fief des tombes , nom donné à toutes les éminences de terres , telles qu'elles soient, et depuis appliqué aux pierres longues et plattes qui couvrent les sépultures. La tradition populaire des revenans ou esprits folets qui infestoient le bas du côteau où sont les Chartreux, a pu donner lieu aux prétendus démons du château de Vauvert ; imposture imaginée sans doute par les intéressés devenus depuis propriétaires de ce terrein immense.

Ce vaste cimetiere n'étoit pas le seul , il y en avoit un dans un endroit appellé *Campelli ,* Champeaux , sur le chemin de Pontoise. Les Petits - champs où sont maintenant les halles , et dont on a pris une partie pour le cimetiere des saints Innocents , n'a eu sa destination que beaucoup plus tard, à cause des marais qui étoient en cet endroit et qu'il a fallu dessécher ; c'étoit un terrein ouvert de tous côtés, qui servoit à la sépulture de la partie septentrionale de Paris appellée ville, et hors de l'enceinte ; les cendres des morts étoient foulés aux pieds des vivants et des plus vils animaux , souillés par les immondices, et souvent profanés par le crime.

C'étoit pour remédier à tous ces désordres que Philippe-Auguste fit environner de murs et fermer de portes le cimetiere des saints Innocens.

Quadratos lapides circum-dedit atque patitos,
Ædificans muros in circuitu satis amplos.

Dit Guillaume le Breton, livre premier de sa philippide : il fixe cette clôture à l'année 1186.

Ce cimetiere fut depuis aggrandi et augmenté d'un terrein donné au chapitre de saint Germain par Pierre de Nemours, évêque de Paris. Ce qu'on appelloit les charniers, formoie un espece de cloître carré de quatre-vingt arcades, qui régnoient à l'entour ; on y remarquoit une petite tour octogone d'environ sept toises de hauteur, dont on ignore l'origine : tout ce qu'on en a dit ne sont que des conjectures, et le silence doit fermer la discussion. Ces charniers avoient été construits dès l'an 1390, et rebâtis en différents temps aux frais de plusieurs personnes qui y avoient choisi leur sépulture ; il y avoit aussi quelques chapelles où on acquittoit des fondations. La chapelle d'Orgemont avoit une cloche, et on y disoit la messe certains jours de la semaine. Parmi les épitaphes singulieres de ce cimetiere on remarquoit celle-ci : *cy gist Yolande Bailly, qui trépassa l'an 1514, le 88e de son âge et le 42. de son veuvage, laquelle a vue ou peu voir devant son trépas 295 enfans issus d'elle.*

Pernelle, femme de Nicolas Flamel, a été inhumée sous une arcade des charniers du côté de la rue saint Denis ; sa sépulture étoit accompagnée de figures , de bas-reliefs, dont Nicolas Flamel avoit donné sans doute les dessins , ce qui a fait croire que cet écrivain laborieux y avoit été inhumé, tandis qu'il l'a été à saint Jacques le Majeur : voici l'inscription que j'ai pu déchiffrer hors de la démolition des charniers , il y a quelques années , et rapportée par l'abbé Villain , historien de saint Jacques.

> Les pauvres ames trépassées ,
> Qui de leurs oirs sont oubliées ,
> Requierent des passans par-cy,
> Qu'ils prient à Dieu que mercy
> Veuille avoir d'elles et leur fasse
> Pardon , et à vous doint sa grace.
>
> L'église et les lieux de céans ,
> Sont à Paris bien moult séans ;
> Car toute povre créature
> Y est reçue à sépulture ,

Et qui bien y fera , soit mis
En Paradis et ses amis.

Qui céans vient dévotement
Tous les Lundis ou autrement ,
Et de son pouvoir i fait dons ,
Indulgeance et pardons ,
Ecrit céans en plusieurs tables ,
Moult nécessaires et profitables.
Nul ne sçait que tels pardons vaillent ,
Qui durent quand d'autres bons faillent
De mon paradis pour mes bons amis ,
Descendu jadis pour être en croix mis.

Pernelle mourut le 11 septembre 1397. Depuis long-temps il avoit été question de transférer ce cimetiere hors de la ville , ainsi que tous ceux qui se trouvent dans son enceinte , les oppositions de saint Germain , de sainte Opportune , et les réclamations des habitans des paroisses avoient étouffé les plaintes et les murmures des habitans du quartier. Dès 1763 on avoit indiqué les endroits les plus convenables et les plus commodes pour huit cimetieres communs à différentes paroisses.

Enfin les suites dangereuses des inhumations fréquentes , la putréfaction et les infections qu'elles produisoient, forcerent les magistrats à passer par-dessus toutes

les

les considérations particulieres, et le cimetiere fut fermé par un Arrêt du Parlement, et absolument interdit en 1776 ; ce
qui n'a pas empêché d'inhumer dans les
églises, autre inconvénient plus dangereux,
usage barbare, qui sans doute sera entraîné
avec les abus qui vont être supprimés par
le nouvel ordre de choses. C'est au Département à faire un réglement à ce sujet, à la
Municipalité à le faire mettre en exécution,
et aux sections à veiller sur ce qu'il ne soit
plus à l'avenir fait aucun enterrement dans
l'intérieur de Paris.

Depuis la suppression de la paroisse des
saints Innocents, l'église ayant été démolie, on a fait un Marché sur l'emplacement du cimetiere ; la belle fontaine
qui étoit au coin de la rue aux Fers, a
été transférée au milieu de la place, qui seroit une des plus belles et des plus commodes de Paris, si on ne l'avoit gâtée
par un corps-de-garde qu'on a construit
l'année derniere en face de la rue Aubry-
le-Boucher. La manie des corps-de-garde
a bien remplacé celle des églises : tandis
qu'on renverse les unes, on bâtit les autres, on en trouve à chaque pas ; chaque

F

section en ayant au moins trois ou quatre, ce qui contribue sans doute à la sûreté des citoyens , et au bon ordre.

Nos églises sont des corps-de-garde ; comme saint Eustache , la Jussienne , les Petits - Peres , les Prémontrés de la Croix rouge et Hautefeuille , et les Cordeliers. Ces emplacemens n'ont pas suffi , on a obstrué les places publiques , les ponts et les trotoirs. Sur le Pont-Neuf il y a deux corps-de-garde , sans compter ceux des cazernes des soldats du centre , etc. Ces bâtimens dispendieux n'offrent que des masses informes et sans goût , et rien qui annonce leur véritable destination. Il est vrai que le zèle courageux et toujours actif de nos braves freres d'armes n'a pas besoin de marques distinctives , la décoration de nos corps-de-garde est dans l'intérieur ; l'Architecte ayant jugé celle du dehors superflue , on doit lui savoir bon gré de n'avoir rien ajouté d'inutile dans les dessins et l'exécution.

SAINT HYPPOLITE.

On attribue la fondation de l'église de saint Hyppolite au Roi Robert, qui, sur la fin de son regne , ayant rebâti l'église de saint Marcel , en fit construire une pour le peuple du bourg , séparé de celui de saint Médard par la riviere de Biévre. Ce bourg de saint Marcel étant devenu considérable , il fut nécessaire d'ériger une paroisse , qui existoit au milieu du onzieme siecle , suivant une bulle de l'an 1158.

Le nom de saint Hyppolite fut donné à la nouvelle paroisse par le roi Robert , qui alloit célébrer la fête de ce saint martyr à l'abbaye de saint Denis , où son corps étoit depuis 713. Ce pieux monarque en ayant obtenu quelques reliques , il les fit mettre dans cette église , qui depuis a porté le nom de saint Hyppolite. L'édifice n'est que du seizieme siecle ; le sanctuaire , plus nouveau , n'est pas régulier. La tour ou le clocher ne paroît pas avoir plus de cent cinquante ans. On y remarque quelques tombeaux du 12e et 13e siecles. Cette église obtint de nouvelles reliques de l'abbaye de saint Denis en 1662, les autres du 12e siecle ayant été perdues ou égarées. La cure étoit à la nomination du chapitre de saint Marcel ; mais le curé de saint Hyppolite nommoit, alternativement avec le chapitre de saint Benoît , à la cure de saint Jacques-du-haut-Pas. On remarquoit dans cette église la chaire du prédicateur, ornée de trophées, accompagnée de la foi et de l'espérance. Le dessin de cette chaire étoit de M. Challe. On avoit placé dans la nef treize tableaux de l'histoire de saint Hyppolite. M. Challe avoit peint celui à côté de la chaire ; il représente le saint dans la prison, visité par le clergé de Rome, qui vient l'encourager au martyre. Ces tableaux devroient être transportés, ainsi que la chaire, dans l'église de saint Marcel. La manufacture des Gobelins étoit sur la paroisse de saint Hyppolite, ainsi nommée de Gilles Gobelin, qui a donné son nom à la petite riviere de Bievre, fameux teinturier de Rheims, établi en cet endroit sous François premier.

S. MARTIN DU CLOÎTRE S. MARCEL.

Cette église, ou plutôt cette chapelle, existoit au 12e siecle. Elle est désignée, en 1129, sous le titre d'*ecclesia sancti Martini*. Alberic, historien contemporain, rapporte la guérison d'un homme attaqué du mal des ardens. Le chapitre de saint Marcel avoit la jouissance de cette chapelle, laquelle ne servoit que pour les domestiques

des chanoines. Elle est qualifiée d'église
dans le Pouillé de Paris, et elle devint une
cure en 1450, suivant le Pouillé de ce temps.
La dédicace d'un nouveau bâtiment se fit
en 1480, le chœur béni en 1544 par l'abbé
de saint Magloire, évêque de Mégare;
le reste étoit nouveau. C'est derriere l'é-
glise de saint Martin, dans un jardin formé
sur l'ancien cimetiere de saint Marcel,
qu'au mois de janvier 1753, le nommé
Bourguet l'ainé, jardinier-fleuriste, découvrit, en remuant les terres, 64 cercueils de
pierre, de chrétiens, dont les pieds étoient
tournés vers l'Orient, et les mains pendantes
sur les côtés; il n'y avoit d'inscription
que sur un seul, en ces termes :

> Domine conjugi dulcissime barbare
> Titulum posui qui vixit annos XXIII
> Et M. V. et dies XXXIII, pax tecum
> Permanet. Vitalis conjux posuit.

Un monograme étoit au milieu, et au
dessous deux colombes, avec une † M. J. J.
Poupart, actuellement curé de saint Eustache, l'étoit auparavant de saint Martin-
du-Cloître. Ce poste, trop resserré, ne suffisoit pas à ses talens. M. de Beaumont,
archevêque de Paris, s'est empressé de

nommer M. Poupart curé de saint Eustache
en 1760. Cette église supprimée est réunie
aujourd'hui à l'ancienne collégiale , devenue paroisse du bourg Saint Marcel.

Saint Josse , rue Aubry-le-boucher.

La paroisse de saint Laurent s'étendoit
du temps de Philippe-Auguste jusqu'à l'en-
doit où étoit un hôpital pour les pauvres
et les pélerins qui alloient au tombeau de
saint Martin à Tours. Cet hôpital avoit été
bâti sur la censive du prieuré de S.-Martin-
des-Champs , et avoit été doté par les chanoines de cette Abbaye ; il le fut encore
par le Roi Philippe Ier. Vers le milieu du
13e. siecle on y bâtit une chapelle sous
le titre de saint Josse , parce qu'on
croyoit que ce saint prêtre y avoit logé en
passant par Paris , et cette chapelle dans
la suite fut érigée en succursale pour les
habitans du quartier , trop éloignés de saint
Laurent, leur paroisse : enfin elle fut érigée en cure vers 1450. Dès 1415 il y avoit
dans l'église de saint Josse une confrairie
de saint Fiacre , qui devint si considérable
qu'on regarda alors ce saint comme le pre-

mier patron, suivant un registre de l'évêché en 1571 ; sa fête se célébroit à saint Josse avec beaucoup de solemnité par le concours des fidèles qui venoient honorer ses reliques

L'église actuelle avoit été bâtie sur les dessins de Gabriel Leduc, architecte estimé, qui éleva le portail jusqu'à la premiere corniche ; mais ils ne furent pas suivis dans le reste du bâtiment, qui fut très-diminué ; ensorte qu'elle avoit plutôt l'air d'une chapelle que d'une église paroissiale. Vingt-neuf à trente maisons formoient toute l'étendue de cette paroisse, qui vient d'être réunie à celle de S. Leu, qui a pour pasteur M. J.-B. Besson, qui l'étoit alors de saint Josse, dont la cure a toujours été desservie par un ecclésiastique de la congrégation des Éudistes, à la nomination du prieuré de saint Martin-des-Champs : par cette réunion, saint Josse est devenu un des patrons de la paroisse de saint Leu, trop considérable aujourd'hui pour ne pas espérer sa translation dans l'église de l'ancienne Abbaye de saint Magloire. Un seigneur de Quinquampoix, avoit donné son nom à la rue Quinquampoix, ainsi qu'Aubry-le-boucher, *Albericus-Carnifex*, avoit donné le sien à la rue Aubry-le-Boucher.

Notre-Dame de Bonne-Nouvelle.

Cette paroisse, qui vient d'être réunie à saint Sauveur, étoit située dans un quartier appellé la Ville-Neuve , qui ayant commencé à se peupler vers la fin du 16e. siecle, obligea de bâtir une chapelle sous l'invocation de saint Louis et de sainte Barbe; elle servit de succursale à la paroisse de saint Laurent, qui s'étendoit alors fort en avant dans Paris. Durant la ligue on rasa toutes les maisons de ce quartier ainsi que la chapelle, pour y construire des fortifications , mais la paix ayant succédé aux troubles, le quartier se repeupla , et en 1624 on y bâtit l'église, qui dédiée sous l'invocation de N. D. de Bonne-Nouvelle, fut érigée en cure ou vicairie perpétuelle par l'archevêque de Paris, le 22 juillet 1673. Les prieurs et religieux de saint Martin-des-Champs en leur qualité de curés primitifs de cette paroisse, avoient le droit d'y aller dire la messe et célébrer l'office du jour de l'Annonciation , fête patronale ; le curé leur payoit 3 liv. pour droit d'obligation , et leur donnoit à dîner. M. de Lestre, curé en 1676, voulut se soustraire à ce droit comme onéreux; mais par un arrêt du grand Conseil il fut débouté de sa demande, et condamné d'assister aux processions des Rogations sous la banniere de saint Martin, et de payer la redevance de 3 liv. les arrérages dûs, à passer titre nouvel et aux dépens. Le titre de Bonne-Nouvelle donné à cette paroisse lui a été donné à cause de la sainte Vierge patrone, comme recevant de l'ange la bonne nouvelle de l'incarnation du verbe. C'est sous ce titre qu'ont été dédicés les plus anciennes églises; il est en effet le trait de la vie de la sainte Vierge le plus détaillé, le plus sûr et le plus connu dans l'évangile avec la purification. Le reste est apocriphe et interpolé par les dévots et les moines. Cette paroisse réunie comme je l'ai déjà dit à celle de saint Sauveur, va retomber dans l'inconvénient d'être trop éloignée : elle pourroit être conservée pour la commodité des habitans, qui se chargeroient de la célébration des messes et de l'office les jours de dimanches et fêtes.

l'Eglise paroissiale de saint Côme et saint Damien.

Cette paroisse après saint Josse étoit la plus petite de Paris : on s'étonne encore que dans un aussi petit espace on ait ménagé un cimetiere des charniers , et un endroit où les chirurgiens visitoient tous les premiers lundis du mois les pauvres malades qui se présentoient , et leur assignoient des remedes propres à leur guérison ; cet usage avoit commencé sous saint Louis , dans le même endroit où étoit leur confrairie. Ils étoient en quelque sorte les successeurs des anciens Mires , et des chanoines médecins qui s'acquittoient de cet office charitable à l'entrée de l'église cathédrale. Saint Côme est la 2e. église bâtie par l'abbé de saint Germain , vers l'an 1210 , sur une partie de son territoire qui avoit été comprise depuis peu dans l'enceinte de Paris. Elle fut bénie sous l'invocation de saint Côme et saint Damien , dont les reliques tirées de l'abbaye , furent conservées jusqu'à nos jours dans un reliquaire de bois doré , et exposées le jour de la fête et tous les lundis à la vénération des fidèles : elles ont été transportées cette année 1791 à la paroisse de saint André-des-Arts , à laquelle celle-ci est réunie.

La structure de cette église est la même qui fut commencée en 1210. Quoique la dédicace n'en fut faite que long-temps après , c'est-à-dire le dimanche après la saint Luc , en 1426 , suivant l'inscription gravée sur une pierre en lettres gothiques. Elle dit que cette dédicace fut faite par le secours des personnes charitables. M. François de la Roue , surnommé le Beau , curé , a été le dernier de la paroisse de saint Côme.

L'abbé de saint Germain-des-Prés a nommé à la cure de saint Côme jusqu'à l'an 1345, qu'il céda cette nomination à l'Université, qui en a jour jusqu'à présent. Les curés illustres de cette paroisse, ont été Roland Hébert, archevêque de Bourges en 1622; Michel Godeau, décédé en 1736, connu par plusieurs poësies latines imprimées.

Parmi les savans inhumés à saint Côme , on compte Claude Despence , grand théologien , décédé en 1571 ; et dans le dernier siecle , MM. Dupuy. Parmi les grands Magistrats , MM. Talon , Omer

Talon et Jacques son fils, et leurs descendans. La chapelle où ils reposent renferme aussi les cendres de Jacques Bazin, marquis de Bezons, maréchal de France, et de sa postérité. Le cœur de feu M. de Lapéronnie, premier chirurgien du Roi, est en dépôt dans cette église, avec un monument élevé à sa mémoire par le college de chirurgie, qui étoit voisin et proche saint Côme, et qui depuis quelques années a été transporté vis-à-vis l'église des Cordeliers.

Ce beau bâtiment a été construit par M. Gandouin, et le fronton de l'édifice par M. Berruer.

L'amphithéâtre est décoré des bustes en marbre de la Péronie et de la Martiniere, sculptés par le Moine. Il ne manque à cet édifice qu'une place pour en connoître toutes les beautés, ce qu'il seroit aisé de faire en abattant la vieille et dégoûtante masure des Cordeliers, dont on réserveroit le chœur et les bas côtés pour la paroisse de saint André. Ce projet a été proposé; rien de si difficile que l'exécution des choses faciles en matiere de goût et de nécessité et d'utilité publique, sur-tout à Paris. Il est aisé d'en deviner le motif.

ABBAYES SUPPRIMÉES.

L'ABBAYE DE SAINTE GENEVIEVE DU MONT.

Son origine est aussi ancienne que la monarchie. Bâtie par Clovis en l'honneur des apôtres saint Pierre et saint Paul, son église eut, dès le temps de sa fondation, un clergé soumis à l'évêque de Paris. Ce clergé étoit sans doute régulier, puisque le roi Robert, dans son Diplome, en parle : *locus sub clericalis*, dit-il, *ordinis regimine à primordio fuerat traditus*. Ce qu'il y a de certain, c'est qu'on ne trouve aucun acte ni aucun titre qui fassent mention qu'il y ait eu dans cette abbaye des moines pour la desservir. Il y a lieu de présumer que les clercs de saint Pierre suivoient les usages de la catédrale, avec laquelle ils étoient unis; que leur affiliation avec l'église mere a pu donner lieu à la coutume des nouveaux évêques de Paris, de se rendre à pied à sainte Genevieve, d'où ils partoient ensuite portés par leurs feudataires, pour faire leur entrée à la cathédrale; et d'être souvent invités par l'abbaye à venir célébrer la messe une des fêtes de pâques.

(94)

Et quoique la charte du Roi s'exprime en ces termes , *dilecti nostri ex monasterio ss. apost. Petri et Pauli, et S. Genovefœ virginis canonici*, le terme *monasterium* ne regarde que l'église (*a*) , et non pas l'Abbaye elle-même , dont les clercs qui la desservoient n'avoient point de demeure fixe , jusqu'au temps du roi Robert, qui les réunit tous dans une enceinte qu'il fit bâtir proche l'église , sous le nom de Cloître.

L'abbaye conserva long-temps le nom de saint Pierre , et ne prit celui de sainte Genevieve , qu'après la premiere translation du corps de cette sainte , qui fut tiré de son tombeau pour être mis en sûreté loin de Paris, du temps des Normands.

____

(*a*) On appelloit indistinctement toutes les églises Moustier , du mot latin *Monasterium*. Dans le Roman de Gerard de Roussillon , manuscrit fol. 39 , on lit :

Intret en rossilho pel pon prumier ,

È dissen a l'arc vout so lo clochier ,

A sas armas corregro li chevalier

E sa spasa command à son escudier ,

È puis intret orar dins lo Mostier.

» Il entre dans le château par le premier pont ,
» A l'arcade, sous le clocher , coururent les chevaliers ;
» Il confie son épée à son écuyer ; ensuite
» Il entre prier dans l'église.

Le 9e. siecle apporta des changemens dans la Basilique de saint Pierre , autrement dite alors l'église des saints Apôtres, où elle fut appellée de sainte Genevieve, conjointement avec saint Pierre , et enfin simplement sainte Genevieve , à cause des miracles et des processions de la chasse de la sainte. Un auteur qui vivoit sous Charles VI , en parlant des cérémonies de la procession dans un temps de nécessité, s'exprime ainsi : » *Moult honorablement la faisoit* » *porter le Roi Charles-Quint, pere du Roi* » *Charles VI , qui à présent regne. Quart* » *quand il l'a faisoit porter , celx de N. D.* » *celx des autres colleges tant reguliers que* » *séculiers, alloient nuds pieds, et par ce il* » *en venoit toujours aucuns bons effets.* »

L'église des saints apôtres avoit tant souffert des incursions des Normands , que la premiere élevée par Clovis avoit été détruite deux siecles [après sa construction : c'est celle dont parle saint Ouen dans la vie de saint Eloy. Cette église étoit ornée d'un triple portique où étoient peintes les histoires des Patriarches, des Prophêtes, des Martyrs , et des Confesseurs. La sculpture étoit encore ensévelie dans la nuit des temps , et on ne l'a employée que bien tard, lorsque les beaux arts sortis de la Grèce et de l'Italie, vinrent se fixer dans les Gaules, et qu'en élargissant les églises, on a pareillement élargi et haussé les portiques.

Cette basilique est nommée la premiere dans le testament de la dame Ermentrude, en faveur des églises de Paris, environ l'an 710. *Baselicis*, dit-elle, *constitutis parisius, id est baselicae s. Petri urcio, (uncio) argenteo valente soledus (solidos) duodece (duodecim) et fibla aurea gemmata ad mento dari constituo.* Le roi Robert, qui avoit fait reconstruire les deux églises de saint Germain, fit aussi rebâtir celle des SS. Apôtres. Il régla le revenu des clercs sur le pied des prébendes ; il en fonda quelques-unes, et ordonna ensuite, par le diplôme cité ci-dessus, que le doyen ui les gouverneroient seroit pris parmi eux. On ignore le nombre des chanoines qu'il y eut dans cette collégiale ; mais outre le doyen, il y avoit deux autres dignités, celles de pré-chantre et de chancelier.

Le *gallia christiana folio* 7 , col. 710, marque qu'il y avoit vingt prébendes sous Louis le Gros, et possédées la plupart par des ecclésiastiques très-qualifiés.

On

On trouve dans les anciennes archives qu'un évêque mourut dans cette abbaye ; il est désigné en cette qualité, mais sans date. *Obiit*, dit le Nécrologe, *Bernerius hujus ecclesiae, episcopus*. On n'ignore pas que les mots *episcopus* et *presbiter* sont sinonymes, ils équivalent à celui de *praesul*, *decanus*, dans ces temps-là ; ce qui me feroit soupçonner que ce *Bernerius* étoit l'abbé ou le doyen de la collégiale de sainte Genevieve.

Ce qui prouve une distinction singuliere, c'est que nos rois furent, pendant plus d'un siecle, dans l'usage de connoître par eux-mêmes des causes et des affaires de tous ces chanoines en particulier.

Ce qui est plus digne d'attention, c'est que dès-lors ce chapitre, à l'imitation de la Cathédrale, avoit ses écoles où les lettres fleurissoient, et dont on connoît un professeur nommé Hucbold de Liége. Le Chancelier étoit comme à N. D. le bibliothécaire ; ensorte que par la suite, lorsque l'Université se fut étendue sur le territoire de cette église, il fut naturel qu'il eût sur les étudians de la montagne la même inspection qu'avoit eu celui de la Cathédrale, sur ceux qui étoient ho

G

la terre de sainte Genevieve. C'est le sentiment de l'abbé le Bœuf.

C'étoit le chancelier de l'abbaye qui donnoit le bonnet de maître ès-arts de l'Université de Paris, à ceux qui étoient de son département. Cette cérémonie se faisoit au pied de l'autel de la grande chapelle de Notre - Dame , au côté méridional du cloître , dont la construction pourroit être du 13e. siècle. Dans ces derniers temps on l'appelloit la chapelle de N. D. de Miséricorde : avant ce temps-là , comme elle étoit proche de la cuisine, elle en avoit pris le sur-nom , qui sans doute a été substitué à celui de *Gesine* , que l'on donnoit à ces chapelles consacrées sous l'enfantement de la sainte vierge. On y célébroit la messe matutinale le jour de l'Assomption , et elle a servi dans les deux derniers siecles à la consécration de plusieurs évêques. C'est-là qu'on voit les sépultures de Renauld de Prégilbert , Président aux Enquêtes , chantre et chanoine d'Auxerre , mort en 1353 ; de Joseph Foulon , abbé de sainte Genevieve , décédé en 1607 ; et de Benjamin Brichanteau , évêque de Laon , mort en 1619.

L'Ordinaire, manuscrit de cette chapelle, dont la date est de 1392, marque au 19 août. *En ce jour est la dédicace de la chapelle de N. D. de la cuisine ; (Gésine) le sous-pireur fait l'office avec aucuns des freres à tiers double , six cierges à l'autel , et treize à la penne , c'est-à-dire , au-dessus de l'autel , au sommet.*

Ce n'est qu'au commencement du 12e. siecle , qu'on compta des abbés réguliers à sainte Genevieve. On trouve Odo Ier. qui mourut en 1148 , c'est le premier : l'abbé Etienne, qui étoit le cinquieme, fit, en 1180 et 1190 , les réparations à l'église, bâtie par le roi Robert ; elle portoit par-tout des marques de la fureur des Normands; il se contenta de la réparer au dehors. Jean de Toucy, successeur d'Etienne, entreprit en 1223 les réparations du dedans , comme on peut le voir dans les pilliers , voûtes , et petites colonades : le tout est assis sur les anciens fondemens.

On voyoit autrefois à la porte de sainte Génevieve un gros anneau qui y étoit attaché ; il suffisoit qu'un criminel pût s'en saisir et l'empoigner , pour être en sûreté et à l'abri du châtiment.

L'abus de ces sortes d'asyles ayant été reconnu , on éleva cet anneau à une hauteur à laquelle on ne pouvoit plus atteindre ; mais on le conserva comme une marque du privilege de cette abbaye , et il ne fut enlevé qu'en 1746.

La collégiale de sainte Genevieve a eu be· soin de réformes en différents temps ; la premiere, sous l'abbé Suger, qui y admit des chanoines de saint Victor : enfin le Cardinal de la Rochefoucault y introduisit la réforme des chanoines réguliers de la congrégation de France , sous la regle de saint Augustin, ainsi qu'elle a été observée de tout temps dans cette abbaye, devenue célebre par les savans qu'elle a produit. Les plus connus depuis la réforme, sont les PP. Jean Fronteau , Pierre , Lallemant , René le Bossu , Claude du Molinet , Anselme de Paris , et Louis de Sanlecque.

Quoique l'abbaye de sainte Genevieve fut en possession de se dire indépendante immédiatement du saint Siege , cette indépendance de l'évêque diocésain n'empêchoit pas que ses usages ecclésiastiques ne fussent autrefois semblables , même dans l'office divin , à ceux de saint Victor et de la sainte Chapelle , qui suivoient le rit de Paris presqu'en tout. Depuis quelques années l'abbaye avoit adopté le bréviaire parisien après avoir abandonné le romain , pour se conformer sans doute à l'esprit de l'église.

L'abbé avoit le droit d'officier avec la mître , la crosse et l'anneau : l'abbé Thibaud fut le premier qui en fit usage ainsi que des habits pontificaux , d'après la permission du Pape Alexandre IV en 1256.

Il n'y a rien de plus remarquable dans cette église que le tombeau de Clovis , son fondateur , dont l'inscription est récente ; on le représente comme un homme âgé , quoiqu'il n'eût que 45 ans lorsqu'il mourut. Ce tombeau est un cénotaphe. L'obit de Clovis se célébroit tous les ans , le 27 novembre, en ornemens violets , qu'on porte aussi le jour de sainte Clotilde le 3 juin et à l'anniversaire de la reine Blanche , mere de saint Louis.

C'est au Cardinal de la Rochefoucault que l'abbaye de sainte Genevieve est redevable de sa réforme. Ce Prélat n'accepta la dignité abbatiale que pour faire revivre la regle et l'esprit de saint Augustin dans cette maison, en quoi il fut bien secondé par la régularité , la piété , le zèle des chanoines qui formerent ce qu'on appelle la congrégation de France. J'ai dit , dans mes remarque

historiques , que l'abbé de Brichauteau s'é-
toit emparé de presque tous les manuscrits
de la bibliotheque de sainte Genevieve , en
quoi il paroissoit être secondé par la négligence ou plutôt l'ignorance des anciens
chanoines. La réforme de la congrégation
de France , qui avoit eu son berceau dans
l'Abbaye de saint Vincent de Senlis , ayant
été introduite dans celle de sainte Genevieve par les soins du Cardinal de la Rochefoucault , abbé commendataire , les religieux n'y trouverent aucuns livres ni manuscrits , ni imprimés.

C'est aux soins des PP. Fronteau et Lallemant qu'on est redevable de la bibliotheque actuelle dont ils sont, pour ainsi dire, les
créateurscar dans l'espace de quelques années
ils amasserent jusqu'à sept à huit mille volumes. Le pere du Molinet, qui fut ensuite
bibliothécaire, acheta quantité de livres pour
l'augmenter ; il l'enrichit d'un cabinet de
curiosités et d'antiquités ; il y ajouta celui
du fameux Peiresc; de sorte que cette bibliotheque est devenue une des plus nombreuses,
des plus curieuses de Paris , sur-tout depuis
que Maurice le Tellier , archevêque de
Rheims , eut légué la sienne à cette maison
en 1710 dans laquelle étoit un choix rare et
exquis des meilleurs livres.

Dans le cabinet d'antiquités , on y voit
une suite de médailles de grand bronze ,
au nombre de quatre cens , des Empereurs
et des Impératrices ; le moyen bronze est
plus ample , il est de quatorze cens médailles du bas Empire ; enfin une suite
de petit bronze que le pere du Molinet
regardoit comme l'unique en Europe , formant douze cens médailles du haut et bas
Empire , parmi lesquelles il y en a trois
cens Grecques ; une suite de médailles d'argent de plus de sept cens , à la tête desquelles sont les Déités : le tout est anti-
que ; sans compter les mesures , les poids,
les monnoyes anciennes des Romains , des
Grecs et des Hébreux , des talismans anciens et modernes , des médailles de nos
Rois , des jettons depuis François Ier. jusqu'à Louis XV. Ceux qui voudront connoître plus particulierement ce cabinet ,
peuvent lire le livre que le pere du Molinet a donné au public.

Le P. Pierre Lallemant, né à Rheims , es
un des homme illustres de la congréga-t
tion de France : le P. René le Bossu ,
auteur du Poëme-Epique ; M. Anselme de
Paris , auteur du Bertram ; Claude de Creil

habile architecte , mort à sainte Catherine de la Culture en 1708 ; Louis de Sanlecque , hnmaniste, poëte et théolgoien : enfin de nos jours , nous avons vu MM. Mongés, Anquetil. On y voit encore , ou plutôt on y admire M. Pingré, bibliothécaire , savant astronôme, dont la modestie contraste singulierement avec les talents dont il ne s'énorgueillit que pour en enrichir le public; tels sont en peu de mots les grands hommes d'une maison qui n'a commencé dans les premiers siecles de la Monarchie , que pour être détruite dans le dix-huitieme.

C'est aux travaux et aux lumieres de cette congrégation célebre , que Paris , la France même , sont redevables de précieuses découvertes en tout genre.

Le nouvel édifice élevé en l'honneur de la Patrone des Parisiens , cette vierge de Nanterre , qu'on peut mettre au rang des saintes célebres par leur bienfaisance, n'est destiné exclusivement qu'aux grands hommes de la patrie : déjà on mutile , on arrache de son portail tout ce qui rappelle les belles actions de Genevieve , dont les restes précieux vont sans doute être transportée dans l'église voisine , qui portera son nom. Le chef-d'œuvre de l'immortel Soufflot , consacré à la religion , sera désormais le Panthéon Français , et la cendre de Clovis et de Clotilde n'y reposera pas ; on les réunira sans doute à l'abbaye de saint Denis , et on transportera ailleurs les tombeaux des grands hommes de l'abbaye , dont on respectera du moins la bibliotheque , et les bâtimens réguliers pour l'utilité publique.

L'Abbaye de Saint Vincent ,

Depuis appellée de S. Germain-des-Prés.

Quoique nous ayons parlé de cette célebre abbaye dans les Remarques historiques sur les paroisses de Paris, le sujet est si abondant , qu'on peut y revenir , sans craindre de tomber dans des redites inutiles.

Ainsi que l'abbaye des apôtres S. Pierre et S. Paul avoit été fondée par Clovis , à la sollicitation de sainte Genevieve , de même l'abbaye de saint Vincent dût son origine aux instances de saint Germain , évêque de Paris. La reconnoissance de Childebert, la piété de l'évêque, éleverent en l'honneur du saint martyr d'Espagne la premiere église à Paris sous son invocation. Childebert, victorieux de ses ennemis, chargé de leurs dépouilles, revint triomphant à Paris; mais la plus riche portion étoit l'étole du saint Diacre et sa tunique. L'étole, *stola*, étoit un habit long; la tunique étoit un vêtement court, qui se portoit communément, et servoit dans les fonctions ordinaires; ces reliques étoient le prix de la levée du siége de Sarragosse, et elles furent déposées, avec un morceau de la vraie croix, dans la nouvelle Basilique, dont Saint Germain fit la dédicace le 23 décembre 557. Il est certain que s'il n'y eût pas des reliques de saint Vincent, Childebert n'auroit pas fait bâtir une église sous son invocation. Dans les premiers siecles du christianisme on n'en érigeoit aucune sans cette formalité, qui étoit de rigueur, comme prescrite par l'usage et les canons. Il y a long-temps que ces reliques sont perdues par les ravages des Normands et une longue suite de siecles. Childebert y ajouta les bâtimens de l'ab-

baye ; qui ne furent finis que trois ans
après sa mort. Dans la suite Saint Germain
exempta l'abbaye de la jurisdiction épiscopale par un acte du 21 août 569. Il y introduisit des religieux , qu'il fit venir de
saint Symphorien d'Autun , dont il avoit
été abbé avant son élection à l'évêché de
Paris. Ces Religieux suivoient la regle de
saint Antoine et de saint Basile , mais ils
embrasserent bientôt celle de saint Benoît ,
qui a toujours été professée dans cette abbaye , quoique sous différentes réformes.
Saint Germain étant mort le 25 juillet 576 ,
âgé de près de 80 ans , fut inhumé dans
l'Oratoire de saint Symphorien , situé à
quelques pas de l'abbaye , et on ne l'en
retira que pour le transporter dans la
grande église , qui depuis porta son nom.

On trouve une seconde dédicace de l'é-
glise de l'Abbaye au 21 juillet , au commencement du 10e siecle , après la retraite
des Normands, qui avoient ravagé l'Abbaye.
Sur la fin du 10e siecle , cette église ayant
encore été ruinée , ce fut sur ses fondemens que l'abbé Morard fit reconstruire
celle d'aujourd'hui, ce qui occasionna une
troisieme dédicace , le 21 avril 1163 , par

le Pape Alexandre III , sous l'Abbé Hugues de Moncelle. Cet abbé tint sur les fonds de baptême le fils du Roi Louis VII, depuis Philippe - Auguste , le 22 août 1165. Cet honneur accordé à un religieux , fait connoître la considération dont jouissoient alors les Abbés de saint Germain.

Cette abbaye , dès le temps de sa fondation , avoit été dotée de revenus considérables par Childebert ; ils furent augmentés par Chilpéric , qui, au fief d'Issy, ajouta la terre de Palaiseau , sans y comprendre le territoire appellé depuis le Fauxbourg de saint Germain. Les Rois , successeurs de ceux de la premiere race , y ajouterent d'autres possessions qui rendirent cette abbaye une des plus riches du royaume.

Depuis saint Droctovée , qui fut le premier Abbé , jusqu'à Godefroy Floreau , l'abbaye fut réguliere , et l'élection des abbés se faisoit par les Religieux. Depuis Guillaume IX , Briconnet , Archevêque de Rheims et Cardinal , on ne compte que des Abbés commendataires , dont le dernier étoit M. de la Roche-Aymon, aussi Cardinal et Archevêque de Rheims. Les plus célebres , tant réguliers que commendataires, sont Robert Ier. Précepteur de **Pepin**, pere de Charlemagne. Ce savant religieux établit dans son Monastere les études et ouvrit une école, d'où sortirent dans la suite de savans écrivains, comme Abbon, Aimoin, Usuard, Moines de saint Germain, Hugues-le-Grand, Hugues-Capet, l'Abbé Morard, qui rétablit dans son Monastere les études, et rebâtit l'église telle qu'on la voit aujourd'hui ; Hugues de Moncelle, Jean de Vernon, Hugues d'Issy, Gerard de Moret, et Guillaume dit l'Evêque ; **Jean** Casimir, Roi de Pologne ; Guillaume Egon, Cardinal de Furstemberg ; Henri de Bourbon, Duc de Verneuil, évêque de Metz, et Henri de Thiard de Bissy, évêque de Meaux. Cet illustre Abbé fit faire à ses dépens, ainsi qu'à ceux de la Congrégation de saint Maur, le fameux escalier du dortoir, un aîle du cloître et trois étages de bâtimens au-dessus, la belle porte du marché, et les bâtimens qui l'avoisinent, et ceux de la cour abbatiale.

Autrefois les Abbés de saint Germain-des-Prés avoient toute jurisdiction tant spirituelle que temporelle sur tout le fauxbourg ; cela a duré jusqu'en 1668 ; mais au moyen

d'une transaction passée entre M. de Pere-
fixe , archevêque de Paris , et l'Abbé de
saint Germain, celui-ci n'eut plus que la jurisdiction *inter claustra* , et sous la condition que le Prieur de l'Abbaye seroit à per-
pétuité Vicaire - Général de l'Archevêque ;
ce qui a subsisté jusqu'en 1790.

Parmi les droits de l'abbé de saint Germain , on remarque celui par lequel étoient
tenus les Maréchaux de France de se rendre
à l'abbaye, le jour de la fête de saint Germain , le 28 de mai, de marcher à la Procession , et d'assister à la messe solemnelle
de ce jour , avec un bâton blanc à la main ;
et pour leur service , ils avoient droit de
recevoir de l'abbé et des religieux , douze
pains du couvent, douze septiers de vin ,
et douze sols parisis. Cet usage a subsisté
jusqu'en 1418. Un autre droit singulier de
l'abbé de saint Germain, étoit celui qu'il
avoit sur les habitants de Chaillot, qui
devoient lui donner tous les ans , le jour
de l'Ascension , deux grands bouquets à
mettre sur le *dressouer* , et six petits , un
fromage gras , fait du lait des vaches qu'ils
menoient paître à l'Isle Maquerelle en de-
çà de la riviere de seine , et un denier parisis pour chaque vache.

L'abbaye de saint Germain, exposée par sa situation hors de Paris, pendant les guerres civiles et étrangeres, eut sans doute besoin d'être réformée en différentes occasions. La principale de ces réformes fut introduite à l'Abbaye par Guillaume Briconnet, évêque de Lodeve et Abbé de saint Germain. Trente Religieux de la Congrégation de Chezal-Benoît, entrerent dans ce monastere le 23 janvier 1513 ; mais un siecle étoit à peine écoulé, que la réforme eut besoin d'être réformée, en l'incorporant à celle de saint Maur, établie en France en 1618 sur le modèle de la réforme de Lorraine par Dom Didier de la Cour, religieux de l'Abbaye de saint Vanne et saint Hidulphe. Les Religieux de la Congrégation de saint Maur introduits à saint Germain-des-Prés le 14 février 1631, y amenerent avec eux la régularité, la piété, l'étude de l'Ecriture sainte des Peres et de la saine littérature.

C'est à l'Abbaye de saint Germain que se sont formés ou perfectionnés ces Moines savans, qui ont donné au public des ouvrages également utiles à leur siecle et à la postérité. Il seroit difficile de les compter ;

le nombre fait tomber la plume des mains ;
c'est un essaim d'écrivains célebres, qui,
dans le dernier sieele et dans celui-ci, ont
illustré cette maison et la Congrégation de
saint Maur, dont on a détruit, il est vrai,
le régime ; mais les savans existent ; il
en est qui travaillent encore, Dom Poi-
rier, Dom Déforis et Dom Turpin : ce
dernier peut être cité comme un modèle
de piété et d'exemple au Clergé de la paroisse de saint Germain : il a quitté l'habit
monastique, mais il en a conservé l'esprit
et la regle. Dom Pater et Dom Lieble sont
encore bibliothécaires ; et cette immense
collection de livres, fonds inépuisable de
richesses littéraires, est toujours confiée à
leurs soins et à leurs lumieres, et ces tré-
sors d'érudition ne peuvent être en de meilleurs mains.

C'est à la Congrégation de saint Maur
que l'Abbaye de saint Germain est redevable de son ancien lustre ; la reconnoissance de ces respectables religieux avoit
fait placer avec ordre dans le sanctuaire
les anciennes sépultures des Rois et des
Reines de la premiere Race : on distinguoit sur-tout le tombeau de Childebert,
fondateur :

fondateur : mais à peine l'Abbaye a-t-elle été désignée pour être une paroisse , que les nouveaux changemens ont fait disparoître tous ces monumens, qu'on pouvoit regarder comme autant de pages de notre histoire. Il n'en reste plus rien , tout a été renversé, culbuté, tant dans le chœur que dans une chapelle , où des iconoclastes du 18e siecle ont détruit les statues antiques de saint Vital et saint Félix de Nole , et des saints martyrs de Cordoue , Georges et Aurèle.

On espere que ces monumens seront rétablis , ou au moins replacés dans le chœur , où ils seront à l'abri des incursions des gens sans aveu qui se permettent de pénétrer par-tout.

M. Roussinot , curé , au zèle et aux soins duquel la paroisse de saint Germain est si redevable , fera plus que tous les conseils et les projets qu'on lui propose tous les jours , quand il voudra bien communiquer ses vues aux savans religieux qui connoissent à fond l'histoire de cette ancienne Abbaye.

H

L'Abbaye de Saint Magloire.

L'ancienne église de saint Barthelemy, desservie par des chanoines, a donné lieu à l'origine de l'abbaye de saint Magloire. Salvator, évêque d'Aleth en Bretagne, voulant se mettre à l'abri des Normands qui ravageoient son diocèse, se réfugia à Paris en 965, apportant avec lui le corps de saint Magloire, évêque de Dole, et de plusieurs autres saints. Hugues-Capet, alors maire du palais, accueillit l'évêque et sa suite, et fit déposer ces reliques dans la chapelle royale de S. Barthelemy. Quelque temps après la guerre survenue entre Richard duc de Normandie, et Thibaut, comte de Chartres, qui avoit occasionné l'irruption des Normands, dans l'Armorique, étant terminée, ceux qui avoient apporté les saintes reliques dont j'ai parlé, voulurent s'en retourner dans leur pays. Hugues-Capet y consentit à regret, et désira de conserver le corps de saint Magloire, et quelques autres parties des autres corps saints, pour enrichir la chapelle du Palais; il la fit aggrandir, et construire des lieux réguliers, pour des religieux de l'ordre de saint Benoît , qu'il substitua aux anciens chanoines : alors l'église fut dédiée sous le nom de S. Barthelemy et de S. Magloire. Hugues-Capet ne se contenta pas de faire construire ce monastere, il pourvut encore à la subsistance des religieux, et leur affecta des revenus : il y joignit la chapelle de saint Georges , bâtie sur la chaussée de saint Denis , avec le terrein qui l'avoisinoit , située aux lieux dits Champeaux ; et lorsqu'il eut assuré cet établissement, il le fit confirmer par l'autorité royale , qui donna lieu à la charte de Lothaire et de Louis son fils, rois de france, où ces deux princes reconnoissent Hugues-Capet pour fondateur de l'abbaye de saint Barthelemy et de saint Magloire , qui eut pour premier abbé Junan , venu à Paris avec Salvator.

Henri I. confirma les priviléges de saint Magloire , par une charte qu'il accorda à Regnault , abbé , et aux religieux, *quam piæ memoriæ*, dit-il, *Hugo avus noster fundaverat , et suis terris ditaverat.* Louis VI surnommé le Gros , par un privilége daté de l'an 9 de son regne , et en 1117 , consentit que deux religieux-prêtres de saint

Magloire, vinssent demeurer en la chapelle saint Georges, hors la ville, au lieu dit Champeaux, et qu'ils y reçussent en pain, vin et pitance, pareilles portions que ceux de l'abbaye.

Quelque temps auparavant Henri le Lorrain, féal du roi, avoit réparé la petite église de saint Georges, qui fut aggrandie ; le fonds, la croisée, et les deux premieres arcades de la nef, sont de 1120 et 1130 ; la voûte en demi cercle ou anse de panier, est un reste du goût de la bâtisse du siecle précédent. Le surplus de la même nef, dont les arcs finissent en pointe, ainsi que la Tour, sont du siecle suivant. Henri le Lorrain, pour l'entretien de cette église, donna à l'abbaye de saint Magloire un pressoir et un arpent de vigne à Charonne ; il y joignit deux arpens de terre, et douze marcs d'argent, pour recouvrir et réparer la chasse de saint Magloire, dont les Moines étoient encore à saint Barthelemy : mais en 1138, les religieux qui se trouvoient trop resserrés dans la Cité, et trop exposés au tumulte et au bruit, se transporterent dans leur église de saint Georges où étoit leur cimetiere, et alors ils firent allonger la nef du côté occidental, telle qu'elle subsiste encore de nos jours, avec ses galeries , trois côtés , trois nefs et le chœur, qui en feroient une des belles paroisses de Paris , si les commissaires ne l'eussent pas oublié , dans le choix qu'ils ont fait de l'église de saint Leu.

Les religieux ayant abandonné, en 1137, leur monastere de la cité , l'église de saint Géorges ne prit plus d'autre nom que celui de saint Magloire , qu'elle a conservé jusqu'à nos jours ; elle étoit d'une étendue assez considérable , pour que les habitans qui se fixerent aux environs , se trouvant trop éloignés de saint Barthelemy leur paroisse , obtinssent qu'il y eût un autel succursal, pour leur soulagement, dans la nouvelle église de saint Magloire. Cet autel étoit placé au côté méridional du chœur , sous l'invocation de Saint Gilles , parce que l'abbaye ne possédoit que des reliques de ce premier titulaire , et non de saint Leu , suivant un ancien inventaire, cité par l'abbé le Bœuf. En 1159 , Louis le jeune confirma les privileges de l'abbaye de saint Magloire, et les biens qui lui avoient été donnés , où , en faisant l'énumération des terres qui leur appartenoient , on voit Charronne ,

Mareuil ; et il désigne Pierre , abbé de saint Magloire , chapelain des rois de France ; qualité que ses successeurs abbés ont .conservé jusqu'à l'extinction de ce monastere , qui avoit deux prébendes , une à Notre-Dame , et l'autre à saint Germain-des-Prés , et deux autres à Senlis et à Melun.

Les Religieux de S. Magloire conservoient avec soin les reliques qu'ils avoient apportées de l'église de S. Barthelemi , leur premiere demeure dans Paris, et sur-tout celle du saint évêque , patron de leur monastere : elles étoient encore dans une chasse de bois doré, au commencement du 14e siecle. On les en tira le Dimanche 9 juillet 1318 , en présence de plusieurs évêques et abbés , et on les transféra dans une chasse d'argent faite des épargnes du couvent , sous l'abbé Gobert , qui étoit le vingt-deuxieme abbé. On trouve dans le martyrologe de l'abbé Chatelain , l'histoire de cette cérémonie , et de la procession faite en conséquence , composée en rimes françoises , par un nommé Geoffroy de Netz.

Il y eut une confrairie établie en l'honneur de saint Magloire , dont la principale fête devoit être le jour de sa translation. Le roi Philippe le Long l'approuva, par ses lettres patentes du mois de décembre 1318, dans lesquelles il dit que cette abbaye est fondée par ses ancêtres. La dévotion des fidèles se manifesta peu de temps après, par plusieurs chapelles qu'ils doterent. Robert de Lorit, conseiller du roi, en fonda une, confirmée par Philippe de Valois, en octobre 1346. Thomas Degouges, bourgeois, dota la chapelle de la Magdeleine en 1365; et en 1412, Jean de la Croix, clerc des Comptes, et Jeanne Coquatrix sa femme, doterent la chapelle qu'ils venoient de faire bâtir, sous le titre de Notre-Dame et de saint Eustache, près la tour de l'église. Pierre de Pise, chirurgien, avoit fondé des Chapelains à l'autel des apôtres un peu avant l'an 1439. Jean Voisin fit aussi construire une chapelle : enfin, en 1550, les Frippiers de Paris, ayant exposé à l'évêque, qu'ils étoient sujets à gagner des maladies pestilentielles, obtinrent d'ériger en cette même église, une confrairie en l'honneur de saint Sébastien et de saint Roch. On trouve dans le *Gallia Christiana*, le catalogue complet des abbés de saint Magloire, parmi les-

quels on distingue Pierre Louvel , qui obtint du Pape Martin V , l'an 1420 , de
porter la mître et l'anneau. Il fut mis en
prison , à cause de son attachement au Roi
Charles VII, par ordre du Roi d'Angleterre,
suivant une requête des religieux , en mai
1425.

Renaud , Comte de Dammartin , avoit
son hôtel proche le Monastere : c'est lui
qui a donné son nom à la rue voisine,
appellée Salle-au-Comte ; il ne fallut pas
moins que l'autorité du Roi Philippe-le-
Bel pour arrêter les entreprises de cet enne-
mi puissant , qui avoit bâti sur le fonds
des religieux. Philippe ordonna au Prevôt
de Paris , par ses lettres du 8 juin 1312,
de faire démolir le tout : le Comte mourut quelque temps après , et sa veuve ré-
para toutes les violences que son mari avoit
exercées , par un acte qu'elle donna en
1316 à l'Abbé Gobert.

L'Abbé Brice , qui siégea sous Charles
V , commence ainsi un de ses actes , qui est
de l'an 1365 : » Frere Brice , par la grace
» de Dieu et du Saint Siége de Rome , hum-
» ble Abbé de Saint Magloire. « Un autre
acte de 1369 , nous apprend que son nom

étoit Brice de Ployant. Cet acte concernoit les Chartes de la ville de Rheims, déposées par les Remois dans les archives de saint Magloire.

Cette Abbaye eut dans le 16e siecle deux Abbés très-connus dans Paris, par les fonctions épiscopales dont ils s'acquitterent au nom de l'évêque ; ce furent Guy de Monmirail et Charles Boucher d'Orcé, tous deux Moines, et tous deux furent évêques de Mégare en Afrique successivement. Le dernier mourut en 1559. Cinq ans après le titre abbatial fut réuni à l'évêché de Paris ; et avant la fin du siecle, les religieux furent transférés au fauxbourg saint Jacques, à l'Hôpital du Haut-Pas, et les filles pénitentes placées en cette ancienne église abbatiale de saint Magloire, en vertu d'un traité de l'an 1572, à la charge par elles de payer deux sols de cens envers l'abbaye. Ces religieuses étoient au nombre de 60 : Marguerite Noiret étoit leur Supérieure. C'est ainsi que cet ancien Monastere, qui avoit tenu un rang distingué dans Paris, tomba en quenouille, par les caprices d'une Reine altiere et despote, Catherine de Médicis, et par la foiblesse de Pierre de Gondy, évêque de Paris et abbé commendataire. L'église de saint Magloire avoit été l'une des stationales du carême pour le Clergé de la Cathédrale : elle avoit un domaine seigneurial si ancien et si peuplé dans un canton voisin de la chaussée qui conduisoit de la porte Paris à saint Denis, qu'il s'y forma un bourg du nom de l'abbé de saint Magloire, et qui fut appellé le Bourg-l'Abbé. En 1404 il y avoit une porte qui portoit le même nom. L'échelle de saint Magloire, c'est-à-dire, le pôteau qui marquoit sa justice, étoit placée vis-à-vis saint Nicolas - des - Champs, devant la Croix saint Laurent. Elle subsistoit encore en 1548. La couture de S. Magloire étoit encore plus loin ; savoir, dans le fauxbourg saint Laurent.

La rue aux Oües, la rue d'Ernetal et du grand et pètit Hueleue, formoient le Bourg-l'Abbé, dont il ne reste que la rue de ce nom dans lequel étoit renfermée la succursale de saint Leu, dépendante de l'Abbaye.

A peine les filles pénitentes furent-elles en possession du Monastere de saint Magloire, qu'elles en prirent le nom. Aujourd'hui elles s'intitulent Dames Augustines de saint Magloire. Malgré leur régularité apparente, elles ont eu besoin de réforme. Huit Religieuses de Montmartre s'y transporterent le 2 juillet 1616, et adoucirent l'austérité des pratiques anciennes, et rétablirent l'ordre et la régularité.

L'Eglise, le Cloître et tous les bâtimens de saint Magloire sont, depuis 200 ans, à la disposition de ces Religieuses : elles ont gâté l'église, en élevant un autel de bois, de mauvais goût, au milieu de la croisée ; une sacristie au dehors tient une place considérable. A l'opposite elles ont un second chœur. Si ce beau gothique étoit dégagé de tous les murs de clôture que ces Religieuses ont pratiqués, ce seroit une des belles paroisses de Paris : elles ont élevé des maisons qui en cachent l'entrée ; en les abattant, on découvriroit le portail et les portes collatérales, et cette église seroit la paroisse de la section des Lombards. Le cloître pourroit servir au clergé de la paroisse et aux assemblées de la section. En perçant une rue parallele à celle de saint Magloire, on auroit une communication libre dans la rue Quincampoix. Cette nouvelle rue seroit appellée de saint Georges, ancien titulaire de l'église de saint Magloire ; on éleveroit un portail, on répareroit les galeries ; qui peuvent contenir un peuple nombreux : enfin, on y transporteroit la paroisse de saint Leu, et cette ancienne église abbatiale seroit la paroisse de saint Magloire. La chasse de ce saint évêque, qui est au Séminaire de la rue saint Jacques, seroit ramenée à son ancienne église avec les autres reliques qui ont été portées par les Bénédictins en 1572. Il ne reste plus au couvent de saint Magloire que douze Religieuses vierges folles, d'autant plus inutiles, que l'huile manque à leurs lampes. Le despotisme des Supérieures envers les Religieuses, l'aristocratie dont elles sont entachées, les discours séditieux qu'elles tiennent, tout doit engager le Département et la Municipalité à les expulser de cette maison pour en faire un plus noble usage, et qui remplisse à la fois les vues du Public et l'intention de l'Assemblée Nationale, qui conserve les anciennes Abbayes pour les ériger en paroisses.

L'ANCIENNE ABBAYE, DEPUIS PRIEURÉ DE SAINT MARTIN-DES-CHAMPS.

Il y a peu de villes en France qui n'aient eu des édifices et des temples sous l'invo-

cation de saint Martin. On le regardoit
comme le patron spécial des Gaules ; son
nom étoit très célebre. Les miracles sans
nombre opérés à son tombeau , en avoieut
fait le pélérinage le plus fréquenté du
royaume ; on y accouroit de toutes parts ,
et on en rapportoit comme des reliques ,
des linges et des étoffes qui y avoient touché
ou reposé. De-là la dévotion des Parisiens
pour cet illustre Taumaturge. Dès les premiers temps de la monarchie , on voit à
Paris des chapelles et des oratoires élevés
en son honneur. Dès 586 , il y avoit une
petite chapelle de saint Martin , à l'entrée
du Grand Pont , et une autre où est aujourd'hui saint Séverin. Mais le plus considérable de ces édifices , étoit la Basilique , bâtie entre la porte septentrionale de
Paris et l'église de saint Laurent ; c'est
celle dont le diplôme de Childebert fait mention en 710. Ce qui le prouve , est la charte
de la seconde fondation de saint Martin ,
par le Roi Henri premier. Il dit que les
Normands étant venus faire le siege de
Paris , en avoient ravagé tous les environs , et renversé de fond en comble l'ancienne abbaye de saint Martin : il ajoute ,
qu'elle existoit sous le regne de Charles-le-

Chauve , en 840 , et que comme il n'en restoit aucun vestige , il en a rebâti une plus grande , où il a mis des chanoines vivans régulierement , avec un abbé à leur tête , nommé Engelard , tous desservans dans cette église , et cette charte est de l'an 1060. Un diplôme du roi Philippe de 1070 , dit que ces chanoines étoient appellés frères ; ils étoient en relation avec la Cathédrale , qui étoit dans l'usage d'aller en procession à saint Martin-des-Champs , à la fête d'été du saint évêque , le 4 Juillet , et d'y faire l'office. Cet usage de procession , et d'aller d'un lieu à un autre , ne fut introduit en France , que lorsque Charlemagne eut fait adopter les rits de l'église Romaine dans les églises d'Occident , et cet usage qui date de l'an 800 , ne cessa à saint Martin , que lorsque l'église fut détruite en 886 par les Normands : il ne fut rétabli que plus de deux cens ans après , époque de la seconde fondation de l'abbaye de saint Martin , par Henri premier.

On ignore les raisons qui déterminerent le roi Philippe à donner cette collégiale abbatiale aux moines de Cluny, en 1079 ; il n'y avoit alors à saint Martin que 13

Chanoines, qui, avec Geoffroy leur prieur, consentirent à cette donation ; alors l'abbaye devint un prieuré, qui fut regardé comme la troisieme fille de l'abbaye de Cluny. Nos rois, les évêques de Paris, firent de grands biens à ce monastere.

Son terrein, déjà considérable en 900, confinoit à celui de S. Merry et de saint Georges, appellé depuis saint Magloire. Thibaud, sixieme prieur de cette maison, étant devenu évêque de Paris en 1150, augmenta ses revenus, ainsi que ses successeurs, dont plusieurs furent dans la suite abbés de Cluny, évêques et cardinaux.

L'église saint Martin n'a rien de plus ancien que le sanctuaire et le fond, qui, terminé en *rond*, étoit appellé *Carole*, c'est-à-dire rond point, en latin *Chorola* ; ainsi Notre-Dame de la Carole, honorée si long-temps à saint-Martin, étoit Notre-Dame du Rond-Point. Dans le 11e. siecle, on prononçoit *Chorola*, en vieux langage chorole, dont on a fait carole, qu'il ne faut pas confondre avec la vierge de la rue aux Oües : celle du Rond Point, derriere le maître autel, s'appelloit Notre-Dame trouvée, ou de la carole, *de Choréa.* Suivant une donation faite en 1315, par Baudouin de Chailly, chevalier, de 10 liv. de rentes annuelles à cette chapelle de Notre-Dame *de Chorea.* Depuis cette Notre-Dame trouvée, fut placée dans la nef où elle est aujourd'hui, à un des côtés de la porte du chœur, et c'est à tort que les Bénédictins avoient placé au-dessus cette inscription : *Vierge miraculeuse de la rue aux Oües.* Les archives de ce prieuré, aucun titre n'autorisent ni ne font mention de cet événement miraculeux, fondé sur la tradition et sur quelques mauvais tableaux qu'on voit à saint Martin, dans cette chapelle.

La tour des cloches étoit du temps d'Henri premier, où de Philippe, son successeur. L'église est bien postérieure, elle est fort large, d'une structure simple, sans pilliers, sans voûte et sans aîles, elle n'est que lambrissée ; mais ornée de quatre grands tableaux, peints par Jouvenet, les quatre autres autour du chœur, sont de Rétout, de Cazes, le Moine, et Carle-Vanloo.

Le grand autel, sur les dessins du fameux François Mansart, est décoré de quatre colonnes de marbre de Dinant, et

le

le tableau peint par Claude Vignon , avoit été donné par Dom Simon Lobry et Dom Germain Cheval , religieux Bénédictins , qui l'avoient payé 730 liv. On remarquoit au milieu du chœur un fort beau lutrin , fondu par Christophe de la Macque , maître fondeur , de la rue de la Féronnerie. Il faut voir le réfectoire , d'un gothique parfait , les voûtes hardies, les colonnades d'une grande délicatesse, en forme de perches , par Pierre de Montreau, architecte sous saint Louis. Il y a un tableau de Poilli , éleve de Jouvenet , et quelques autres de Louis Sylvestre ; ces morceaux précieux , seront sans doute soustraits à la cupidité , ou plutôt à la voracité de nos prétendus réformateurs ou acquéreurs ignorans : témoin le tableau des Minimes de Chaillot , vendu par la municipalité de Passy , donné pour 200 liv. , et dont on a offert mille écus à l'acquéreur.

Il seroit à désirer que MM. les Municipes des villes et villages, consultassent au moins les personnes instruites et les Artistes avant d'adjuger les morceaux de peinture et de sculpture , dont ils ignorent le mérite et la valeur. On a choisi sans doute

ceux qui paroissoient ou qui sont d'excellents patriotes ; mais le patriotisme ne justi-
fiera jamais l'ignorance.

Parmi les usages anciens et particuliers
à l'église de S. Martin, on a remarqué que
les Religieux, aux processions des Rogations,
portoient à la main une baguette blanche ; que
le Prieur avoit l'étole dans les églises stationales et dans les rues en allant chantér
la Messe à saint Laurent, à saint Jacques-
le-Majeur, à saint Denis de la Chartre et
ailleurs ; que le Curé de saint Nicolas-des-
Champs, à la nomination du Prieuré, étoit
obligé d'annoncer les fêtes de saint Martin
d'hyver et d'été et de saint Paxent au prône,
et de ne point prêcher ni faire prêcher dans
son église le Dimanche qui précédoit et
suivoit ces fêtes.

La bibliotheque au rez-de-chaussée du
jardin n'étoit pas nombreuse , mais bien
tenue , propre et bien choisie ; il y avoit
un grand nombre de manuscrits qui ont
passé à celle du Roi. Parmi ceux qui res-
tent est celui des Evangiles , selon la Vul-
gate ; c'est un Manuscrit écrit en lettres
d'or , sur vélin ; il est parfaitement bien
exécuté ; on le croit du temps de Charlemagne ou de Charles-le-Chauve. Parmi

les Savans et les Religieux qui ont illustré cette Maison, on cite Mathieu, 3e prieur, qui vivoit en 1120 ; Guillaume Bajule, Prieur en 1376, auteur de l'Extrait des biens du Monastere ; Jean Castel, Chroniqueur de France sous Louis XI : il est auteur de la Chronique mal-à-propos nommée scandaleuse. Michel Viole, Abbé de saint Euverte d'Orléans ; Martin Marrier, auteur du *Martiniana*, 8°. 1606 ; du *Bibliotheca Cluniasensis, in-folio*, 1614, et du *Monasterii regalis sancti Martini de campis, in-4°.* 1637. Ce savant Religieux mourut le 26 février 1644.

Guillaume Postel, connu par son savoir et ses égaremens, qui nioit la rédemption des hommes par Jesus - Christ, en l'attribuant à la mere Jeanne, folle Vénitienne, à qui la misticité avoit tourné la tête, et pour qui Postel fit un livre intitulé *della Virgine venétá*. Dans un Manuscrit qui est à la Bibliotheque du Roi, il convient qu'il avoit eu grand besoin des instructions de la mere Jeanne. » J'ai bien » appris, dit-il, en parlant de cette vieille » folle vénitienne, de cette pauvrette et » très-simple femmelette, plus que je n'au-

» rois fait ayant étudié par moi, dès le » commencement du monde. « Les Inquisiteurs de Venise l'avoient traité comme un fou. Le Parlement de Paris ayant porté le même jugement, il fut enfermé par arrêt dans le Prieuré de saint Martin, où il est mort âgé de 76 ans, et y fut enterré le 6 Janvier 1581, laissant beaucoup d'ouvrages. Le plus estimé est celui intitulé : *de Orbis terrae concordiâ, lib. IV.* Il y traite de la réunion de tous les peuples de l'Univers à la religion chrétienne.

Philippe de Morvillier, premier Président du parlement de Paris, ayant fondé la chapelle de saint Nicolas au rond point de l'église de saint Martin, y fut inhumé, ainsi que sa famille. On voit son mausolée dans cette chapelle, où il est représenté avec sa femme Jeanne Dudrac, fille d'un Président au Parlement de Paris ; leurs statues couchées ont les mains et le visage d'albâtre. Pierre de Morvillier, Chancelier de France, leur fils, y est aussi inhumé, mais sans inscription ni épitaphe ; on voit seulement sur les vîtres, les fenêtres, les murailles et les ornemens de l'église, une herse liée à un Y ; c'étoit sa devise ; c'est un rebus relatif au nom de Morvillier ; Morr , vic , lier.

La herse étant le symbole de la mort , qui rend les hommes égaux , comme la herse applanit les sillons et les égalise.

L'Y est le symbole de la. vie ; c'est la lettre de vie de Pithagore ; il désignoit l'enfance par le pied de cette lettre ; et la vie qui se divise en deux voies, celle du vice, et l'autre celle de la vertu. C'est ce Philippe de Morvillier , pere de Pierre , qui a fait à saint Martin-des-Champs une fondation en 1426 , » de deux bonnets à oreilles , l'un double et l'autre sengle (simple) au premier Président du Parlement de Paris , et d'ungs gands et d'une escriptoire au premier Huissier , en disant certaines paroles ; et doivent être lesdits bonnets de vingt sols parisis , et lesdits gands et escriptoires de douze sols parisis ; le tout présenté par le Maire et un Religieux de S. Martin-des-Champs , la veille de la saint Martin d'hyver. » La rue au Maire tire son nom de ce Maire de saint Martin qui faisoit sa demeure dans cette rue.

Enfin cette maison , de fondation royale, une des plus anciennes de Paris , remarquable par ses bâtimens nouveaux et ses

monumens anciens, respectable par le nom
et le culte de saint Martin, a été enve-
loppée dans la proscription générale, on en
a enlevé les titres et les morceaux les plus
précieux ; emporté les reliques et les vases
sacrés ; descendu les superbes cloches, dont
une du poids de 6 à 7 milles, étoit du 14e
siecle, les ornemens de la sacristie disper-
sés ; on en regrette un dont le fond de ve-
lours verd, étoit précieux par la broderie,
relevée en bosse d'or, et d'un travail unique dans son genre.

Comment n'avoir pas conservé la mémoire
d'un de nos plus grands évêques de France,
et d'une de nos plus anciennes abbayes, en
transportant le titre de saint Martin à saint
Nicolas-des-Champs, sa succursale ; l'é-
glise du Chardonnet étant sous l'invocation
de saint Nicolas ? alors la paroisse de saint
Martin-des-champs, rappelleroit aux Parisiens la piété de leurs peres, et la protection d'un saint évêque, qui, ayant
eu à Paris tant d'églises sous son nom,
maintenant supprimées, méritoit bien
de n'être pas oublié dans la nouvelle
circonscription de nos paroisses. C'est
à la seconde législature à corriger cet

oubli, de la premiere ; c'est au département à rectifier les abus qui se glissent dans ces changemens ; à rappeller aux commissaires le compte public qu'ils doivent rendre des reliquaires précieux et de l'argenterie des églises. On demande que sont devenues les chasses de saint Martin, de saint Paxent, conservées jusqu'à nos jours dans cet ancien prieuré ?

ANCIENNE ABBAYE DE SAINT LAURENT,

Depuis appellée Prieuré de S. Lazare.

Le nom de saint Laurent est aussi ancien que célebre dans toute l'église. Il n'est pas surprenant que ce saint Martyr ait eu, dès les premiers siecles de la Monarchie, une église près Paris sous son invocation ; elle étoit fort éloignée de la Cité dont elle étoit séparée par des bois et des marais, sur le chemin de saint Denis, à l'endroit où est aujourd'hui le Prieuré de saint Lazare. Grégoire de Tours parle de cette église de saint Laurent au livre 6 de son histoire, chapitre 6e., comme d'un Monastere dont Domnole, alors évêque du Mans, avoit été Abbé ou Supérieur : il ajoute, au chapitre 25, livre 6, » qu'en la huitieme » année du regne de Childebert, le dernier » jour de Janvier, il y eut une inonda- » tion de la Seine et de la Marne, si ex- » traordinaire, qu'entre la ville et l'église » de saint Laurent, on faisoit souvent » naufrage. »

On ignore l'origine de cette église, et le genre de Moines qui la desservoient. Il est à présumer qu'elle le fut par les Bénédictins, jusqu'à l'incursion des Nor- mands, qui la ravagerent et la détruisirent de fond en comble en 858. Le Chapitre de Paris étoit dans l'usage d'y aller en pro- cession le jour de saint Laurent : on ne re- trouve plus rien de cette Abbaye que dans une charte de Thibaud, évêque de Paris en 1150, comme d'une église apparte- nante au Prieuré de saint Martin - des- Champs.

Comme le Prieuré de saint Lazare a rempla- cé l'Abbaye de saint Laurent, et que les Cha- noïnes ont succédé aux Moines, ils ont con- tinué envers le Chapitre de N. D. à s'acquitter des mêmes redevances, et dans l'obligation du déjeuné, *ou pastus,* ainsi qu'il est désigné dans le Cartulaire du Chapitre, ce qui, depuis, a été converti en argent, qu'on distribuoit à la fin de la messe.

Il ne faut pas croire que l'église de saint Laurent d'aujourd'hui soit bâtie sur les ruines de celle qui subsistoit au 6e. siecle ; elle est bien sur le territoire de l'ancienne Abbaye, mais à la place du cimetiere dans lequel il y avoit une chapelle ou oratoire, qui depuis est devenue la paroisse de saint Laurent.

Quant au Prieuré de saint Lazare, on ignore le temps de sa fondation, les titres ayant été brûlés ou perdus dans le temps des guerres des Anglois ; ce qu'il y a de certain, c'est qu'on y exerçoit l'hospitalité , sur-tout envers les lépreux ; que cet hôpital consistoit dans un assemblage de plusieurs cabanes, où ils étoient renfermés. Un témoin oculaire , Odon de Dueil, moine de saint Denis, écrit qu'en 1147, le mercredi onzième juin, Louis le jeune, allant prendre l'oriflamme à saint Denis , avant de partir pour sa Croisade, entra dans cet hôpital situé sur sa route, accompagné seulement de deux personnes , et qu'il rendit visite aux lépreux dans leurs cellules.

Ce n'est qu'en 1191 , qu'on fait mention d'une église , sous le titre de saint Lazare.

Rigord , Historien de Philippe-Auguste , en parle à l'époque de cette même année, où il dit que le couvent de saint Denis y vint en procession , nuds pieds , avec une partie des reliques de l'abbaye.

Il y a lieu de croire que ce qui reste des anciens bâtimens est de ce temps-là , et même l'église : c'est à cette époque que la léproserie de Saint Lazare , la plus célèbre du royaume , fut en état d'avoir un clergé régulier , pour remplir les fonctions spirituelles et temporelles. Le Prieur et les Frères sont nommés depuis dans leurs marchés avec leurs voisins , au sujet des dîmes et des censives en 1194 , 1230 et 1232. Guy , qualifié de Prieur , l'étoit encore en 1246 ; ensuite Etienne , nommé par Renaud , évêque de Paris ; depuis on voit Jean Binel : ce fut sous ce Prieur, que Foulques , évêque de Paris, dressa des Statuts pour cette maison en 1348, qui furent confirmés par Audouin son successeur. Le Prieur devoit être frère donné , et prêtre , curé des frères et des sœurs , tenus au nombre de 12 à l'office canonial , les frères donnés pouvoient se retirer avec leur bien , et ils recevoient de la maison trois sols par semaine ; les Prieurs nommoient à la cure de la Villette : enfin le dernier a été Adrien le Bon , en 1611 et 1613 ; il consentit, en 1632 , à ce que cette maison fût annexée à la congrégation de la Mission , qui venoit d'être formée par M. Vincent, moyennant une rente aux anciens religieux.

Lors de cette transaction , il y avoit long-temps qu'il n'y avoit plus de lépreux à saint Lazare. Adrien le Bon , qui en avoit été Prieur, touché des vertus de M. Vincent , et de son zèle pour l'humanité souffrante , lui céda sans peine un prieuré dont le digne et saint prêtre pouvoit faire un plus noble emploi.

Les anciens chanoines ne croyoient pas à la fable de saint Lazarre , débarqué en Provence , évêque de Marseille ou de Chypre , où il avoit prêché la foi et où il étoit mort. Mais ces religieux suivoient le rit Parisien , que MM. de la Mission ont abandonné pour le Bréviaire Romain ; ce choix n'a jamais fait d'honneur à leur goût , ce qui feroit soupçonner qu'ils ont été plus pieux que savans ; excepté quelques ecclésiastiques , cette congrégation n'a jamais eu de grands hommes. Attachés à de pieuses momeries , des cheveux plats , sans poudre , des cordons aux souliers ou des boutons, une barbe au menton, qui les avoit fait surnommer barbichets , un large chapeau , tel étoit le costume de MM. de la Mission ; peu ou point d'orateurs , une scholastique stérile ou fatiguante , tels étoient les grands maîtres que MM. de Gondy , évêques de Paris , avoient donnés aux jeunes clercs de leurs séminaires : exemple qui fut imité par plusieurs de nos évêques. Cette congrégation qui avoit eu le plus saint des hommes , le plus tolérant et le plus aimant , n'avoit d'autre mérite , que celui d'avoir le célebre Vincent de Paul pour son fondateur. Les cendres de ce grand homme devroient être transportées au Panthéon François : les grandes actions valent bien les écrits de nos législateurs.

L'Abbaye de saint Victor.

Il y avoit déjà des Clercs ou des Ecclésiastiques dans la chapelle de saint Victor, qui y vivoient en commun , lorsque Guillaume de Champaux , Chanoine et Archidiacre de l'église de Paris , s'y retira

avec Gilduin et quelques-uns de ses disciples. Ils partageoient leur temps entre
la retraite et l'étude , et sur-tout les exercices de piété. La réputation de ce nouvel
établissement étant parvenue jusqu'à Louis
le Gros , Roi de France , ce prince voulut y contribuer , par des bienfaits dont il
combla les nouveaux Chanoines; il fit réparer ou reconstruire leur église , et élever des bâtimens réguliers capables de contenir une communauté nombreuse. Guillaume de Champeaux ayant été nommé par
le Roi à l'Evêché de Châlons-sur-Marne ,
Gilduin son disciple , fut élu le premier
Abbé de saint Victor.

Le Chapitre de Paris contribua beaucoup à la dotation de l'Abbaye en 1122,
par le don d'une ferme de cent vingt
arpens de terre labourable près Chevilly :
de-là l'union intime de la Cathédrale avec
l'Abbaye de saint Victor , qui jouissoit encore d'une prébende dans l'église de Paris.

La maison de saint Victor étoit connue
le centre de la piété et de l'étude , des
belles lettres, elle étoit si célebre dans les premiers temps de sa fondation , qu'elle devint
comme le chef d'une Congrégation , qui,
en peu de temps , se répandit dans toutes

les provinces du monde chrétien : *non est angulus orbis christiani*, dit un écrivain contemporain, *in quo victorinorum congrega tio se non dilitaverit*. On remarque, dans le testament de Louis VIII, de l'an 1225, que cette maison avoit quarante Abbayes dans le royaume.

Cette réputation étoit le fruit de la vie pénitente et du mérite extraordinaire des premiers chanoines, tels que Guillaume de Champeaux, Hugues de saint Victor, surnommé le nouveau saint Augustin, et Richard, et quelques autres. De-là la parfaite union entre saint Victor et Clairvaux. Saint Bernard y faisoit de fréquents voyages, ou communiquoit avec cette Abbaye par lettres.

Cette maison fut dès son origine une école de sainteté et de sciences, elle devint dans la suite une des plus fameuses de la chrétieneté ; elle a donné des Cardinaux à l'église, comme Yves, Hugues et Jean de Naples, qui furent élevés à cette dignité par les Papes Innocent II et Adrien IV.

Le célebre Santeuil étoit Chanoine de saint Victor ; ce Poëte, qui s'est immortalisé par ses belles hymnes latines, dont se sont enrichis tous les diocèses, en les insérant dans leurs breviaires.

Santeuil, mort à Dijon, est inhumé dans le Cloître de saint Victor : c'est de lui dont parle Boileau ;

> Santeuil chante les saints
> Et Gourdan les imite.

Ce dernier, aussi Chanoine de saint Victor, célebre par sa piété et sa vie exemplaire. Je ne finirois pas de rappeller les noms des grands hommes de cette maison ; je renvois à ce que j'en ai dit dans mes remarques historiques, article de saint Victor, comme paroisse.

La bibliotheque est une des plus nombreuses et des plus anciennes de Paris, sur-tout en manuscrits. Henry du Bouchet, Conseiller au Parlement, l'augmenta par le legs qu'il fit de la sienne, avec cette clause : *ea conditione quod abbas et conventus non possint alicnare, vel vendere.* Il y ajouta une rente de 700 liv. à prendre sur les Gabelles et le Clergé de France, pour l'entretien de la bibliotheque et l'achat des livres nouveaux : il est inhumé à saint Victor ; sans doute que le testament de Henry du Bouchet ne sera pas enveloppé dans la proscription générale des bibliotheques.

M. Cousin, président de la cour des Monnoies, mort en 1707, légua aussi la sienne à cette maison, et vingt mille livres, pour être employés à l'augmenter, et à condition qu'elle seroit publique, et que l'on prononceroit un discours sur l'utilité des bibliothéques publiques, à l'issue d'une Messe haute, au jour de son anniversaire, le 26 février.

M. du Tralage a aussi légué à saint Victor un recueil magnifique de Cartes et de Mémoires géographiques ; ce recueil est unique dans son genre c'est le fruit de l'étude, des recherches et de l'érudition de ce savant homme, qui, par ses dépenses, étoit parvenu à rendre ce recueil digne d'être placé à la Bibliotheque du Roi.

M. de Peyresc assure avoir vu le manuscrit du procès de Jeanne d'Arc, pucelle d'Orléans : ce recueil précieux avoit été fait par l'ordre d'un abbé de saint Victor, et doit y être encore, s'il n'a pas été détourné par les furets littéraires, qui ont

su

su profiter de la circonstance de la révolution. M. l'Abbé Mulot, Député à l'Assemblée Nationale , a été le dernier Bibliothécaire de saint Victor, dont il a été
aussi Prieur ; estimable par son goût pour
la littérature, ses connoissances et son
zèle pour la chose publique, à laquelle
il a rendu des services éclatans lors de la
révolution, tant dans sa Section qu'à la
Municipalité, qui a profité de ses lumieres lorsqu'il a été président de la Commune. L'Abbaye de saint Victor est aujourd'hui une paroisse considérable de la
Capitale.

L'ABBAYE DE S. ANTOINE DES CHAMPS.

Saint Antoine, Patriarche des Cénobites
d'Orient, étoit déjà fameux dès les premiers siecles de l'église, lorsque l'Occident fut instruit des miracles opérées
depuis sa mort, arrivée en 359. De-là la
dévotion des Parisiens, pour ce grand Solitaire, qui a donné son nom à la rue et
au Fauxbourg le plus considérable de la
capitale, et donné lieu à l'établissement

d'une abbaye célebre , qui n'eut à la vérité que des commencemens obscurs.

Du Breuil lui attribue une origine que la saine raison désaprouve. Piganiol avance qu'elle a pris son nom d'une ancienne église qu'on voit attenant l'abbaye , laquelle, dit-il , étoit autrefois sous l'invocation de saint Antoine , puis sous celle de saint Hubert, et aujourd'hui sous celle de saint Pierre. Cette assertion , fausse dans tous ses points , prouve que Piganiol a ignoré que la chapelle dont il parle est bien postérieure à la fondation de l'abbaye , en 1198 ; et que cette même chapelle de saint Pierre, fondée et bâtie par Robert de Mauvoisin , frere d'Agnès , 4e abbesse de saint Antoine, n'a jamais porté le nom du saint Patriarche , encore moins celui de saint Hubert ; mais que le nom de saint Pierre convenoit d'autant mieux à une église extérieure , qu'elle étoit située près la porte de l'abbaye, et que cette chapelle dédiée au portier du Paradis , (1) n'étoit que pour les ser-

____

(1) Saint Pierre portant les clefs du paradis , est le *Janitor Caeli* , ou le Janus Chrétien , substitué à celui du Paganisme , comme saint Christophe l'a été Hercule , autre divinité Payenne.

viteurs ou fermiers attachés au monastere ; ils ne passoient pas le seuil de la porte de clôture , interdite aux hommes, depuis l'union de l'abbaye à l'ordre de Citeaux, dont les religieuses ont jusqu'à nos jours suivi la regle et les statuts à la persuasion de saint Guillaume, chanoine de Notre-Dame de Paris , depuis religieux de Gramont, abbé de Chaalis , *Caroli locus* , enfin , archevêque de Bourges.

Mais cette communauté n'auroit jamais joui d'une grandè considération , sans Louis VIII , fils de Philippe-Auguste , qui ayant eu de Blanche son épouse , fille d'Alphonse, roi de Castille , un fils , depuis saint Louis , en ressentit tant de joie , que , pour en perpétuer la mémoire et par reconnoissance , il posa la premiere pierre de l'église que nous voyons aujourd'hui , et donna à l'abbaye ce terrein et les environs , contenant quatorze arpens et onze perches de vignes , et deux cents soixante-dix arpents de terres , situées entre Paris et Vincennes. On peut consulter *les remarques historiques , article saint Antoine , page* 57, sur cette abbaye , dont l'église est aujourd'hui paroisse.

K 2

Parmi les singularités de cette maison, on voyoit autrefois, au - dessus d'une des portes de clôture, un tableau qui avoit été repeint, au bas duquel on lisoit ces mots :

L'an 1257, par la permission de MM. les Prévôt des Marchands et Echevins de la ville de Paris, fut envoyé un nommé Pierre de Mansiaux, maître des œuvres de la ville, pour abattre l'église de céans, disant par eux, avoir affaire de pierres pour ladite ville. Mais sitôt que ledit Mansiaux eut frappé le premier coup de marteau sur l'un des pilliers du portail de ladite église, ledit de Mansiaux fut embrasé du feu saint Antoine.

Il y avoit un os suspendu devant ce tableau, qu'on disoit être de ce Maçon.

Je ne cite cette inscription que pour caractériser le siecle où on croyoit à toutes les absurdités ordinaires, dans ces temps d'ignorance ; je ne parle pas d'une autre inscription placée au-dessus du chœur à main gauche, où la fondation de l'église de S. Antoine étoit décrite fort au long ; c'est l'apparition du saint Patriarche, aux deux Cardinaux envoyés de Rome, pour pacifier les troubles de l'Université en 1181.

Avant la démolition de la Bastille , on voyoit au-dessus de la grande porte d'entrée , qui regardoit le fauxbourg la figure de saint Antoine , Patriarche des Cénobites d'Orient ; il étoit remarquable par son costume hérémétique , par une longue barbe, sa béquille et son manteau.

Comme la Bastille avoit été bâtie sur une partie de la censive de saint Antoine , il étoit naturel d'y placer la figure de ce saint : on peut consulter sur ce monument de notre ancien despotime , les *Antiquités Nationales* , par Aubin - Louis Millin , auteur de cet ouvrage intéressant.

ÉGLISES COLLÉGIALES SUPPRIMÉES.

LA COLLÉGIALE DE SAINT HONORÉ.

L'église de saint Honoré n'étoit dans son origine qu'une chapelle, qu'un nommé Renold Cherins ou Cherey , et Sibille sa femme , avoient fait construire en l'honneur de saint Honoré , évêque d'Amiens , sur le chemin qui conduisoit de Paris à Clichy. Neuf arpens de terre , joints à d'autres , qu'ils acquirent du prieuré de S. Denis de la Chartre , parurent alors suffisans pour le cimetiere et la maison du Chapelain. Cette fondation eut lieu en 1204 et l'année suivante sous le consentement de l'évêque de Paris , et avec l'agrément du chapitre de S. Germain-Lauxerrois, à la charge par le Chapelain , de ne faire aucunes fonctions curiales , qu'avec l'agrément du Curé. Dès l'an 1209 , cette chapelle étoit désignée sous le nom de saint Honoré ; comme le dessein des fondateurs étoit d'établir des canonicats , ils nommerent aux premiers et consentirent que ceux qui voudroient fonder des prébendes , devinssent chanoines ; le nombre en monta jusqu'à vingt , au bout de quelques années ; mais en 1257 , l'évêque Renaud de Corbeil , réduisit les prébendes à 12 , et il nomma alternativement avec le chapitre de saint Germain ; ce qui fut depuis changé. Les prébendes du côté droit furent nommés par l'évêque ; et celles du côté gauche , par le chapitre de saint Germain.

En 1570 , on augmenta l'église ; le clocher avoit été construit en 1300 environ ; sa situation au côté droit, feroit

soupçonner qu'on devoit reconstruire une
église qui fut plus proportionnée , puisqu'on
trouve qu'en 1424 , le chapitre avoit acquis
un petit terrein dans la justice de l'évêque , au coin de la rue des Petits-Champs ,
pour construire un portail , moyénnant 16
sols de rente. Ce projet n'eut pas lieu ,
et cette église , quoique petite , est restée
dans le même état.

La dignité de Chantre à la nomination
des chanoines , étoit la seule dignité de ce
chapitre ; elle a donné le nom à la rue du
Chantre , sans doute parce qu'il y faisoit
sa demeure , ou à cause du voisinage de
saint Honoré. Outre douze canonicats , il
y avoit deux chapelains , quatre vicaires ,
quatre chantres , et six enfans de chœur.
Les canonicats étoient les meilleurs de Paris,
ils raportoient année commune 4 à 5 mille
livres. Le maître autel étoit décoré d'un
morceau d'architecture d'ordre Corinthien ,
d'un tableau peint par Philippe de Champagne en 1648 ; le sujet étoit la présentation de Notre-Seigneur au temple , et la
Purification. Dans une niche au-dessus étoit
une statue de la sainte Vierge , et à côté
saint Honoré et saint Jean-Baptiste. Cous-

tou le jeune avoit donné le modèle d'un aigle qui soutient le Pupitre, ce modèle avoit été exécuté d'après un Aigle vivant: ce beau morceau, ainsi que le tableau peint par Champagne, qu'on peut ranger au nombre des meilleurs de ce peintre cé-lebre, a été enlevé depuis la réunion de cette église à la paroisse de saint Augustin, dans laquelle on a transporté la chasse de saint Honoré, et les ornemens les plus pré-cieux. Les cloches ont été descendues, et sans doute vendues au plus offrant, sui-vant l'usage; leur harmonie étoit remar-quable.

Le Pouillé de Paris, de l'an 1450, ne marque que quatre canonicats à saint Honoré, dont le plus fort est de 22 liv.; mais la communauté avoit 56 liv. de rente. Il y avoit une chapelle du titre de saint Louis, avant l'an 1306 : elle avoit été fondée par Philippe de Vitri, Chantre; cette prébende fut depuis annexée à la dignité Cantorale.

Dans la chapelle de la Vierge, à main droite en entrant, on voyoit le tombeau du trop célebre cardinal Dubois; la sim-plicité de l'inscription est d'autant plus remarquable , qu'il n'y avoit rien à dire de bon sur ce personnage , la honte du clergé , le fléau de la religion , et le scandale des ames pieuses , dont le nom , de son vivant, étoit une opprobre, et qui après sa mort devint un objet d'horreur et d'exécration.

Costou le jeune avoit dessiné et exécuté le monument qui devoit être placé à côté du maître autel. L'inscription avoit été faite par M. Couture , un des plus célebres rhéteurs de l'université : comme on connoit ces deux morceaux , je me dispenserai de répéter ce qu'on a écrit à leur sujet : l'inscription nous apprend , que le cardinal du Bois étoit chanoine honoraire de saint Honoré , et qu'il est inhumé dans le caveau commun aux chanoines pour leur sépulture ; il dût sans doute cette distinction qu'il ne méritoit pas , à la piété filiale de son neveu , qui, par la régularité de ses mœurs , contrastoit singuliérement avec le Cardinal-Ministre son Oncle.

Le chapitre de saint Honoré a eu des savans ; dans ces dernieres années , on comptoit parmi les chanoines , M. l'abbé Godescar, secrétaire du dernier archevêque , connu par plusieurs morceaux de littérature.

Simon Marrier, grand partisan des Anglais, sous le regne de Charles VII , a été inhumé à saint Honoré , ainsi que Sibille la fondatrice.

La rue des Bons Enfans , qui avoisine l'église de saint Honoré , tire son nom d'un petit college qui étoit situé à l'endroit où est la chapelle de saint Clair , ainsi nommé à cause d'une confrairie de ce saint , qui y fut établie en 1486. Les plus anciens colleges dans plusieurs villes du royaume, portoient le nom de Bons Enfans : Paris en a eu deux ainsi nommés. Sauval attribue la fondation de ce college à Etienne Berot et à Renold Cherey.

Du Breil assure d'après Corrozet, que c'est à Geoffroy Cœur , fils du fameux Jacques Cœur, Argentier de Charles VII, et qu'il est inhumé dans la Chapelle. M. Puthod de Maison-Rouge , dans le no. premier de ses Monumens in-8o. suit la derniere opinion ; il se fonde sur la découverte de la sépulture de Jean du Vaux , principal du college uni au chapitre de saint Honoré , et qui , dit-il, couvre peut - être la tombe de *Geoffroy Cœur*. Cette assertion réfutée par l'Abbé le Bœuf, a quelque vraisemblance sur laquelle on ne peut prononcer sans la découverte de la tombe de cuivre du fils *de l'Argentier de Charles VII.*

Au reste, nous engageons nos lecteurs, et sur-tout les Antiquaires, à lire ce morceau intéressant de l'Histoire Parisienne; la dissertation de M. *Puthod* est précise, bien développée et écrite avec cette chaleur qu'inspirent la vérité et l'amour du bien public.

Sans doute qu'un Collège seroit bien utile dans le quartier le plus peuplé de Paris ; en rendant au Collège *des Bons Enfans* ses privilèges et ses possessions, on y verroit fleurir les belles-lettres et les sciences que cultiveroit une jeunesse studieuse ; et la science et les bonnes mœurs contrasteroient avec l'ignorance, la fatuité, la dissipation et le libertinage scandaleux, errants sous les portiques du Palais Royal.

Mais malgré les réclamations, on ne respectera pas plus le collège des *Bons-Enfans* que la collégiale de S. Honoré. Bientôt il ne restera plus rien ni de l'église ni des bâtimens anciens du cloître ; déjà une grande partie vendue , est à la disposition des nouveaux acquéreurs ; des édifices somptueux s'élevent dans cette enceinte ; et ce terrein , consacré depuis tant de siecles à la religion et aux lettres, va devenir à son tour le réceptacle des vices honteux du voisinage.

LA COLLÉGIALE DU S. SÉPULCHRE,

RUE SAINT DENIS.

Quelques dévots pélerins, à leur retour de la terre sainte , imaginerent une confrairie du S. Sépulchre au commencement du 14e. siecle ; Louis de Bourbon, Comte de Clermont et de la Marche , fit pour eux l'acquisition d'un terrein situé sur la censive de S. Méry , et joignant les murs de l'abbaye de S. Magloire.

Cette donation est du 15 janvier 1325. Le 15 mai on posa la premiere pierre de l'église , où on célébra la premiere messe à la fin de la même année , suivant l'ins-

cription du portail , conçue en ces termes : *L'an de grace , le vendredy d'avant
Noël , fut chantée la premiere messe de
cette église, et les fondemens levés ;
(comme il est appert) par de Lortigues,
qui érigea ce portail et le fonda.* Comme
l'église du Sépulchre étoit bâtie sur la censive de S. Méry, dépendant de N. D.
il y eut contestation entre les confreres ,
l'évêque de Paris , le chapitre de la cathédrale , et celui de S. Méry , qui fut
terminée par accommodement en 1329 ,
à la charge par les confreres de bâtir
une église et un hôpital avec cloches et
clocher , doter chanoineries , prébendes ,
chapelles et autres , si bon leur semble ,
dont la collation appartiendra au chapitre
de N. D. que les chanoines du Sépulchre
seront soumis à la correction de ce chapitre , à qui ils prêteront serment en présence des gouverneurs de la confrairie ,
qui lui paiera annuellement la somme de
dix livres pour son assistance à la procession et à la grande messe du jour de
la fête dudit hôpital , le 3e. dimanche
après la Pentecôte.

Dans l'origine de cette confrairie , on

distribuoit aux pauvres pélerins du S. Sépulchre de Jerusalem , un pain et soixante
sols , on les logeoit une nuit et on les
renvoyoit ; mais l'hôpital ne fut jamais
bâti , on se contenta de l'église où on
comptoit seize canonicats et dix-sept cha-
pellenies en 1551.

Les chanoines alors recevoient leurs dis-
tributions des maîtres et des gouverneurs
chargés de l'administration du temporel
de cette confrairie , jusqu'en 1694,
qu'ils perdirent le patronage des canonicats et autres bénéfices qui depuis furent à la collation du chapitre de N. D.
dont la collégiale du S. Sépulchre étoit *la
fille* ; c'est ainsi qu'on appelloit les chapitres dépendants de la cathédrale.

Autrefois les chanoines du Sépulchre venoient chanter une messe tous les dimanches à saint Méry ; c'étoit sans doute
un reste de foi et hommage pour la
censive sur les fonds de laquelle étoit
bâtie l'église du Sépulchre, qui insensiblement s'est soustraite à cette coutume.

Le chœur , les deux collatéraux et le
portail étoient du temps de la fondation ;
'église étoit plus moderne , elle avoit été

rétablie ou réparée depuis ; le vîtrage et
les trois aîles étoient du 14e. siecle ; le
portail étoit un des beaux morceaux de
ce temps ; on remarquoit en relief au-
dessus de la porte la sépulture de J. C.
et les douze apôtres sur les deux côtés
de l'entrée, et au milieu N. S. bénissant
de la main droite , et de l'autre tenant
un globe.

Ce portail dont on a enlevé le Sauveur,
va être détruit , ainsi que l'église et les
bâtimens , pour ouvrir à leur place une
nouvelle rue qui aboutira à la rue Quincampoix. On regrette la boiserie du Maître-
Autel , ainsi que celle du Chœur, dont
le Christ et les quatre statues au-dessus
de la porte formoient un bel ensemble.

Dans une chapelle collatérale étoit une
représentation de J. C. crucifié, plus connu sous le nom *de saint Voult, sanctus
Vultus*, c'est-à-dire la sainte figure. Le
Christ étoit vêtu d'une tunique avec ses
manches , une triple couronne sur la tête
et au pied de la croix ; on remarquoit
un ange censé recueillir le sang des plaies
du Sauveur. C'étoit une imitation du
saint Voult miraculeux de *Lucques*

en Italie , dont les prodiges doivent être
mis au rang de ceux du *Christ* de Cantorbéry
(1) qui fut mis en pieces sous Henri VIII
au tems de la réforme de l'église d'Angleterre.

L'histoire de ce *S. Voult* étoit représentée dans la Nef par un grand tableau
peint sur bois en plusieures parties ; quoiqu'ancien , il avoit encore de la fraîcheur
ainsi que celui de S. Louis placé à côté,
c'étoit toute l'histoire de ce roi grand partisan du S. Sépulchre ; ces deux tableaux
ont été enlevés avec celui du Maître-Autel
peint par le Brun ; ce dernier représentoit
J. C. sortant du tombeau au milieu de
ses apôtres témoins de ce mystère ; on y
distinguoit un ministre d'état sous Louis
XIV. le fameux Colbert qui tenoit un
bout du linceuil ; le devant de l'autel
peint sur bois étoit une descente de

______

(1) Ce crucifix miraculeux étoit l'ouvrage des moines
de la cathédrale , ayant été descendu et exposé
sur la place publique , on découvrit les ressorts qui
le faisoient mouvoir au gré des moines ; il fut mis
en pieces et brûlé par le peuple.

croix ; quoiqu'ancien ce morceau est très-estimé, ainsi que saint Jérôme dans le désert, peint par la Hire, et deux paysages sur bois par le même. Champagne a fait aussi une statue du Sauveur ressuscité. La porte du chœur, la boiserie, le christ, les quatre figures et le grand autel qui avoit quelque chose de majestueux, fixoient l'attention des connoisseurs. Il ne reste plus rien dans cette église, qui va être détruite : elle a été vendue avec les bâtiments du cloître, qui sont très-anciens et caducs.

Collégiale de S. Méderic, *vulgo* Méry.

La petite chapelle de saint Pierre, dans laquelle saint Méry fut inhumé après sa mort, arrivée le 29 août 700, n'étoit desservie que par un seul prêtre. Théodebert qui, en 884, en étoit le chapelain, obtint de Gozlin, évêque de Paris, la permission de lever de terre le corps de saint Médéric, pour le mettre en un lieu plus honorable. Cette translation se fit avec la plus grande solemnité, le jour même de la fête du saint, et Gozlin n'ayant pu se trouver à cette cérémonie, envoya à sa place ses Archidiacres. Le concours du peuple, la dévotion pour ce saint solitaire et les présens qu'on fit à cette chapelle, donnerent lieu d'y ajouter quelques Chapelains. Le nombre fut augmenté vers l'an 1010, que Renaud de Vendôme, évêque de Paris, donna cette chapelle au chapitre de la cathédrale, qui y envoya sept ecclésiastiques pour faire le service divin, et c'est-là l'origine du chapitre de saint Méry. Ces chanoines fesoient alternativement les fonctions de curés pour le peuple qui avoisinoit leur église ; mais sur la requête des chanoines, qui se plaignoient de cette charge, le chapitre de Paris, par un statut de l'an 1219, unit la cure à une des sept prébendes, et déchargea les six autres du soin des ames ; ce qui a duré jusqu'en 1300, que la cure fut divisée en deux pour faciliter l'administration des sacrements. Il y eut donc à saint Méry deux curés chefciers, qui ont existé jusqu'en 1683, que M. Adrien Rollin, premier chefcier, chanoine et curé, par un traité passé le 12 avril avec M. Blanpignon, second chefcier et curé de la même église, céda à ce dernier son droit, à la charge de payer au sieur Rollin une pension de trois mille six cent livres. Cette transaction, confirmée par les lettres patentes du mois d'avril 1685, fut enregistrée au Parlement le 23 mai de la même année.

Depuis ce temps, il n'y a eu qu'un seul curé chefcier, parmi lesquels on compte MM. Artaud, oncle et neveu, dont l'un a été nommé évêque de Cavaillon, et l'autre à la prébende et à la cure de saint Méry. M. Louis Viennet, ce respectable pasteur, en a été le dernier chefcier. La même raison qui, en 1300, avoit donné lieu à l'établissement de deux curés, fut cause que sous François premier, on fut obligé de faire bâtir une église assez grande pour contenir les paroissiens ; alors, on en jetta les fondements, et elle ne fut finie qu'en 1612.

Je ne parlerai pas de la nouvelle décoration du chœur et des embellissements, ni des ornements qu'on y a ajouté ; encore moins d'un soleil d'argent de 290 marcs, dépense d'autant plus extravagante, qu'il a été dessiné par Roettiers, dont la composition, sans génie, est opposée au bon sens ; ce ne sont que des rayons, des têtes d'anges, des grappes de raisin, et le bas est un rocher dont l'intention est à deviner.

On est étonné que M. Viennet, curé, n'ait pas envoyé cette lourde masse à la monnoye; le produit auroit été très-avantageux pour les pauvres de sa paroisse.

La suppression du chapitre de saint Méry a ramené l'ordre et la paix dans cette église ; l'office n'est plus interrompu. On peut consulter l'article de saint Méry, dans les remarques historiques sur les 33 paroisses, qui se vendent chez Blanchon, rue saint André-des-Arts, à la page 41 de cet ouvrage, Chap. 14.

L'ÉGLISE COLLÉGIALE ET PAROISSIALE
DE SAINTE OPPORTUNE.

Il seroit bien difficile de constater quelle étoit cette sainte Vierge, que les uns nous donnent pour abbesse, les autres pour une sainte Recluse, *sancta Opportuna*, en françois s'explique par *sainte Apropos* : *et tu das illis escam in tempore Opportuno*, est-il dit dans l'office du saint Sacrement. Ne seroit-ce pas la saison qui vient après les frimats de l'hiver, réchauffer le sein de la terre, le soleil enfin, *Opportunus* ou le Printemps, la plus belle saison de l'année, *Opportuna* ; il étoit si aisé de faire des saints dans les premiers siecles de l'église, que la difficulté d'effacer les nuances du Paganisme, a pu fort bien faire imaginer les saints de notre Calendrier. Une nomenclature bien expliquée, seroit fort curieuse je me propose de communiquer au public mes observations et mes recherches à ce sujet. Quoi qu'il en soit de sainte Opportune, honorée à Paris d'un culte particulier, cette collégiale ne remonte pas plus haut que le 9e siecle, et c'est à Louis le Gros ou Louis le jeune, qu'on doit attribuer la donation des petits Marais de Champeaux, qui s'étendoient au de-là du Cimetiere des saints Innocents, jusqu'à la rue Champverie, c'est-à-dire où l'on cultivoit le chanvre. Ce qu'il y a de certain, c'est que l'église de sainte Opportune est du 13e ou du 14e siecle, que les canonicats étoient à la nomination du chapitre de S.t Germain - Laucerois, que les annates lui étoient dues, suivant une charte de l'an 1190.

L'érection de la de cure sainte Opportune,

est du 14e siecle. Le service se fesoit toujours dans une Chapelle particuliere, qui,
depuis 683 , est au côté méridional de la
nef ; le chœur étoit interdit aux pauvres
paroissiens.

Tout ce qu'on raconte de la fondation
de cette collégiale est fort apocryphe. A
entendre les légendes , c'est Hildebrand ,
évêque de Séez , sous le regne de Charles le
Chauve , qui , dans la crainte des Normands, se réfugia du côté de Paris, et à qui
un Louis de Germanic, frere du roi , donna
la terre de Moucy : Hildebrand fait
venir d'Almeneche les reliques de sainte
Opportune ; le corps de la sainte est d'a-
bord déposé dans la maison d'un nommé
Gozlin , on en fait une église , mais Charles
le Chauve fait don à Hildelbrand de l'her-
mitage de N. D. des Bois, près Paris ; il
il y fait apporter les reliques de sainte
Opportune , et les rapporter à Moucy , en
faisant présent à Notre-Dame des Bois de
quelques portions de ce saint corps, ce qui
occasionna le bâtiment qui reçut le nom de
Ste Opportune. Dans les processions publiques , on portoit sa chasse à côté de celle de
S. Honoré ; une côte enchassée dans un

réliquaire de vermeil , se passoit au col des malades attaqués du mal de gorge ; un bras droit de cette sainte avoit été donné à Hupin de Chateaugirard , par Jean du Pin , abbé de Cluny ; mais la chasse de sainte Opportune n'a jamais été que de bois doré , et les chanoines, dont les canonicats ont valu dans ces derniers temps , jusqu'à 8 à 10000 liv. de revenu , n'ont jamais fait la dépense d'un reliquaire plus précieux , pour honorer leur sainte Patrone. Toutes les reliques ont été transportées à saint Jacques le Majeur , et l'argenterie considérable, tant du chœur que de la chapelle paroissiale , a disparu , sans qu'on sache par où ni comment , ni à quoi on l'a employé.

L'église des SS. Innocents a toujours été sous la dépendance du chapitre de sainte Opportune , qui nomma à la cure jusqu'en 1786.

LES TROIS COLLÉGIALES DE SAINT THOMAS, DE S. NICOLAS ET DE S. LOUIS DU LOUVRE.

Robert , Comte de Dreux , frere de Louis le jeune , Roi de France , fonda la collégiale de saint Thomas, archevêque de Cantorbéry, mis à mort en 1170, et canonisé en 1173. C'est la plus ancienne des trois dont je vais parler. Robert, pour affermir sa nouvelle fondation, lui donna des dixmes à Torcy, à Chilly et à Braye, appellé depuis Brie-Comte-Robert, toutes terres du diocèse de Paris, dont la derniere porte son nom.

En 1209, il y eut un accord entre Philippe, évêque de Beauvais, et Robert Comte de Dreux, sur les anciennes et nouvelles prébendes, avec Pierre, évêque de Paris. En 1428, Jean, Duc de Bretagne, en augmenta le nombre ; de sorte que vers ce tems-là on comptoit vingt-huit canonicats, sans doute y compris les bénéfices subalternes. En 1450, le Pouillé parisien représente ce chapitre avec son revenu. *Decanus pro decanatu XIII libras, item pro præbendâ XIII libras X. S. tres præbendæ aliæ XII libras (pro Duce Britanniæ), quinque prebendæ aliæ IX. Communitas ejusdem ecclesiae XX. (idem Episcopi et comitis Drocensis alter. vicibus)*. Le Roi réprésentant le Duc de Bretagne et le comte de Dreux, nommoit aux quatre anciennes prébendes : à l'égard

des sept autres, il y nommoit alternativement avec l'archevêque. On trouve que dans
un acte de 1228, le doyen de ce chapitre
faisoit hommage à l'évêque de Paris pour
son doyenné.

L'église de saint Thomas a subsisté jusqu'en 1740 ; étant la même construite du
temps des premiers fondateurs, dans un
goût gothique, en forme de chapelle, mais
trop longue et trop large, elle menaçoit ruine
depuis nombre d'années ; la voûte ayant
manqué le 15 octobre 1739, elle écrasa
quelques chanoines au sortir de l'office. On
remarque que depuis cet accident plusieurs
chanoines, dans d'autres collégiales, n'atten-
doient pas que les petites heures fussent
tout-à-fait chantées, pour éviter un pareil
sort.

On remarquoit dans l'ancienne église de
saint Thomas, le tombeau de saint Gelais,
Bibliothécaire du Roi au seizieme siecle,
et appellé l'Ovide français ; Cosme Grimier,
Jurisconsulte célebre, étoit chanoine de
saint Thomas du Louvre, lorsqu'il fut fait
curé de saint Eustache en 1497.

Les Chanoines s'étant retirés et joints à
Saint Nicolas-du-Louvre, pour l'office

canonial , en attendant que leur église fut rebâtie ; le Cardinal de Fleury obtint du roi la permission de faire reconstruire celle que nous voyons aujourd'hui , qui a été orientée vers le couchant , contre l'usage ancien.

La nouvelle église finie en 1744 fut consacrée sous l'invocation de saint Louis , le propre jour de la fête de ce saint roi , et M. de Ventimille , Archevêque de Paris , en fit la dédicace. Ce fut à cette époque que ce fit la réunion du chapitre de saint Nicolas , et celui de saint Maur des Fossés , fut réuni en 1750 ; la translation des chasses et reliquaires provenant de l'abbaye de Saint Maur , se fit le 30 août de la même année en l'église de saint Louis , où la chasse de saint Babolin , premier abbé des Fossés , a été exposée au fond du chœur , avec une autre ; et depuis ces trois chapitres de saint Nicolas, de S. Thomas et de saint Maur , n'en ont plus formé qu'un seul, sous le titre de saint Louis du Louvre.

Avant la suppression du Chapitre , on voyoit dans le chœur trois tableaux de Charles Coypel , l'Annonciation , les Disciples d'Emmaüs et de Notre Seigneur mis au tombeau. Galloche avoit fait un tableau pour la chapelle de saint Nicolas, à main gauche du chœur à droite. M. Pierre avoit peint le martyr de saint Thomas „ Archevêque de Cantorbéry ; dans la chapelle des fonds étoit le Baptême de N. S., peint par Restout, et vis-à-vis étoit une Madelaine dans le désert , tableau précieux et galant de Carle Vanloo : tous ces morceaux magnifiques sont disparus ; il ne reste dans cette église que le tombeau du Cardinal de Fleury , ouvrage qui fait honneur à M. Le Moine. La chapelle en face en bas-relief , représente l'Annonciation , dont les figures ont six pieds , exécutées par le même artiste.

L'architecture de cette église est simple , mais belle , et bâtie d'après les dessins de Germain ; le bas-relief au-dessus de la porte est de Pigalle, et Robillon a sculpté d'une maniere moëlleuse et d'un goût recherché , les ornemens du portail et de l'intérieur de l'église, d'après les crayons de Germain.

Le chapitre , depuis la réunion des trois collégiales de saint Thomas , de saint Nicolas et de saint Maur-des-

Fossés , n'étoit plus connu que sous le nom de saint Louis. Depuis sa suppression ; cette église a changé de face , l'autel qui étoit à la Romaine et d'un très-bon goût, a été démoli ; on a enlevé les tableaux , supprimé les fonds baptismaux , pour servir à l'exercice du culte de nos freres de la religion chrétienne réformée. Les articles fondamentaux de notre croyance , le symbole et l'oraison dominicale , ainsi que les commandemens de Dieu , remplaceront les beaux morceaux de peinture qui décoroient cette église.

On a placé la chaire du ministre à la porte de l'ancienne sacristie , qui sert de consistoire , et un petit buffet d'orgues au-dessus de la porte principale. Les jours de communion on place une table longue , couverte d'une nappe blanche, garnie de plats d'argent et de quatre coupes de même métal, pour la cêne, selon l'esprit de Jesus-Christ et l'ancien usage de l'église. Le Ministre , en robe , fait un discours d'instruction; et après avoir récité la liturgie , il s'approche de la table, autour delaquelle se rangent les communians après une courte exhortation: le Ministre prend le pain, se communie lui-même,

et distribue à chacun un morceau , en
récitant les propres paroles du Sauveur,
» prenez, mangez, ceci est mon corps, faites
» ceci en mémoire de moi : » cette auguste
cérémonie où regne le plus profond recueillement; ce repas eucharistique, rappellent les temps de la primitive église ,
le chant des Pseaumes et celui d'actions
de graces , terminent cet exercice de religion , qui n'est point interrompu par les
quêteurs indiscrets , ou des quêteuses indécentes ; les aumônes se recueillent à
la porte de l'église , point de places distinguées , chacun a la sienne , la garde sans
bruit et sans scandale. Je ne parlerai pas
des discours prononcés chaque dimanche ,
par M. Marron , ministre de cette église. Je
ne citerai que celui que j'ai entendu surl'Enfant prodigue , sermon préparatoire à la communion du dimanche suivant. L'exorde fut
relatif aux circonstances , et à la constitution
acceptée par le roi : un patriotisme pur, une
morale simple , des expressions touchantes
formerent l'ensemble de ce discours ; et
laissa sans doute des traces profondes
dans l'ame des auditeurs.

On ne peut que se fo rmer une haute idée des talents et du merite du sage Ministre qui conduit le troupeauconfié à ses soins, et qu'il édifie par sa morale et par ses bons exemples.

LA COLLÉGIALE DE S. ETIENNE-DES-GRÈS.

On ne peut disconvenir que cette église ne soit une des plus anciennes de Paris. La tradition populaire, qui en attribue la fondation à saint Denis, n'est appuyée que sur le surnom des-Grès, qu'on prononce mal-à-propos des Grecs, et à cause de l'opinion où on a été long-temps de la prétendue mission de saint Denis, évêque d'Athènes, envoyé par le Pape Clément pour prêcher l'évangile dans les Gaules. Le flambeau de la critique a dissipé ces ténèbres de l'ignorance, en fixant l'établissement du christianisme dans les Gaules au III. de notre Ere. On est incertain sur le temps de la fondation de cette église et sur son fondateur ; mais elle existoit avant le 7e siecle, suivant le testament d'une dame Hermentrude, qui en fait mention : *Basilicœ domini Stephani*, dit-elle, *annolo aureo Nigel—*

lato valente sol, quatuor darivolo. M. Baluze prétend qu'il s'y est tenu un concile en 829 , il se trompe ; c'est à saint Etienne de la Cité , qui faisoit partie de la Cathédrale.

Cette église ayant été pillée , brûlée par les Normands sur la fin du 9e. siecle , elle conserva les biens qui lui restoient dans le pays Chartrain , et le pays Blésois. Un clerc , nommé Girald , en jouissoit sous le regne de Henri Ier. ; car on lit dans le *Galliá Christiana* , tom. 7 , Col. 24 , que *l'autel saint Etienne de Paris , non loin de la ville et proche l'église de sainte Genevieve , possédoit , en l'an* 995 *, des biens dans les lieux appellés Gilliacus, Maniacus et Levius.* Ces biens furent dans la suite donnés à bail aux religieux de Marmoutier , par Renaud , évêque de Paris, moyennant cinq sols de rente annuelle.

Henri Ier. s'étant fait rendre compte des églises ruinées des environs de Paris , accorda à Imbert , évêque de Paris , qu'après le décès du clerc Girald , les chanoines de la Cathédrale établiroient à S. Etienne des chanoines, et qu'ils y feroient leurs stations comme avoient fait leurs prédécesseurs. Le même

roi y ajouta le don de trois arpens de vignes contigues à cette église , pour fournir
à la dépense de la station du 2 août, fête de
l'invention des reliques du saint martyr. Cette
donation provenoit d'une partie d'un grand
clos planté en vignes , que nos Rois avoient
alors dans ce canton. Les actes qui distinguent cette église par un surnom , ne
datent que du 13e. siecle. Parmi les
prêtres tenus d'accompagner l'évêque de
Paris lorsqu'il célébroit aux grandes fêtes ,
on trouve *Presbiter S. Stephani de Gressibus
parisiensis* en 1219 , à l'occasion d'une maison où l'abbesse de saint Antoine avoit vingt
sols à prendre , et qu'elle céde au chapitre d'Auxerre, il est dit , *suprá domum quam
magister Bernardus habebat versùs s. Ste-
phanum des-Grès.* Ce nom lui venoit de
la rue qui conduisoit à sainte Genevieve :
on l'appelloit, en 1219 , suivant Sauval , la
rue des-Grès ; ce nom a été latinisé *de Gres-
sis , et de Gressibus.*

Mais pourquoi le nom de Grès a-t-il été
donné à cette rue ? c'est à cause des bornes de grès qui y avoient été placées pour
marquer les limites des censives soit du
Roi ou de sainte Genevieve. Il y avoit un

de

de ces Grés auprès de saint Julien le Pauvre, en 1202, qu'un titre appelle *gressum sancti Juliani*, le grès de saint Julien. Il désignoit la fin du bourg de sainte Genevieve. Cette église étoit exempte de la jurisdiction épiscopale, comme fille du Chapitre de N. D. Dubreuil nous apprend que Simon de Bucy, surnommé Matiphas, nouvellement élu évêque de Paris, étant venu officier à saint Etienne, le jour de saint Guillaume, à la priere des Maîtres de l'Université de la Nation de France, en 1290 ; et s'étant attribuée des droits qui appartenoient au Chapitre de N. D. il remit les choses dans leur état, et restitua toutes les offrandes qu'il avoit reçues par ses officiers.

L'édifice n'a d'ancien que la chapelle de N. D. de bonne Délivrance, où plusieurs pilliers, et la tour elle-même, sont de 200. Le portail et l'église étoient postérieurs , mais sans ornemens.

On n'y voit pas une ancienne tombe : la derniere qui étoit au milieu du chœur, et qui y avoit été transportée de la chapelle de N. D. étoit celle de Pierre de la Neuville, seigneur de Mouroi, Conseiller au Par-

lement, mort le 9 avril 1380, et de **Per-**
nelle de Corbeil, dame de Pussay, et de
Blanche Fouace sa femme, décédée en 1380.

Ce Chapitre étoit si peu considérable, que
dans le Pouillé de Paris, de l'an 1450, on
ne compte que le chefcier et quatre chanoines, auxquels dans la suite on joignit
8 Bénéficiers ; ce qui formoit douze ecclésiastiques en tout.

Il y avoit une célèbre confrairie de la
sainte Vierge, érigée dans cette église
en 1433, à laquelle le Pape Grégoire XIII,
en 1581, accorda plusieurs indulgences. La
fête principale étoit l'Assomption de N. D.
Cette chapelle étoit remplie d'*ex voto*, qui
en tapissoient les murs. Le concours du
peuple étoit continuel ; il y étoit attiré plus
par la protection de la sainte Vierge, que
par les miracles qu'on a attribués à la statue qu'on y honoroit. Saint François de
Sales y avoit une grande dévotion ; tous les
jours il alloit faire sa priere dans cette
Chapelle, pendant le cours de ses études. On
prétend que c'est en cet endroit qu'il conçut
le projet d'établir son ordre de la Visitation,
qui a à Paris quatre maisons, nombre beaucoup trop grand pour l'utilité de ces Reli-

gieuses et pour les services qu'elles rendent à l'état.

Cette église est aujourd'hui supprimée.

Saint Benoist,

Ci-devant Collégiale et Paroissiale, une des quatre filles de Notre-Dame.

Avant le 9e. siecle, il existoit aux environs de Paris une chapelle dédiée à la sainte Trinité, qui, ayant été détruite, fut remplacée par une autre église, sous l'invocation des saints Serge et Bache, martyrs de Syrie, dont le culte est ancien dans les Gaules ; Grégoire de Tours en fait mention, ainsi que de leurs reliques, apportées à Paris par Eusebe le Syrien, qui, placé sur le siege de Paris vers l'an 590, en avoit eu par lui-même ou par les ecclésiastiques qu'il avoit emmenés avec lui. Alors l'église du fauxbourg, qui avoit pris le nom de saint Bache, devint une Abbaye, titre accordé indistinctement alors aux églises séculieres et régulieres. C'est ainsi qu'Henri Ier. Roi de France, dans un diplôme d'environ l'an 1050, parle de quelques Abbayes situées aux fauxbourgs de Paris et données à l'évêque Imbert et à ses chanoines, à condition qu'ils y rétabliroient leurs anciennes stations, et qu'il y auroit des chanoines pour y faire l'office, prier pour le Roi en reconnoissance de ce qu'il avoit remis ces églises, dont il avoit joui ainsi que ses prédécesseurs jusqu'alors. Ainsi, on peut dater l'établissement d'un Chapitre dans l'église de saint Benoist au moins dès le 12e. siecle ; ce qui prouve qu'elle étoit l'une des quatre églises dont le Roi Henri a voulu parler, comme d'églises abbatiales, et lieux de station de la Cathédrale avant les ravages des Normands. Ce qui confirme cette opinion, ce sont les reliques de saint Bache, qui, ayant donné le nom à l'ancienne Abbaye, ne se trouvoient que dans l'église Collégiale, où il étoit un des anciens titulaires : ainsi l'église de saint Benoist étoit bâtie à la place de celle de saint Bache, qui, dans ces anciens temps, étoit une petite chapelle.

Comme la tradition avoit fait croire que saint Denis avoit rassemblé les premiers fidèles dans cet endroit ; qu'il y avoit élevé fin Oratoire souterrain, consacré à la

S. Trinité ; lorsqu'on rebâtit l'église au 11e.
siecle, pour conserver la mémoire de l'ancienne, on la bénit sous le titre de la *Ste. Trinité,*
et sous l'invocation des ss. Martyrs *Serge et
Baché* ; et parce que dans la langue vulgaire
la *sainte* Trinité étoit appellée *Saint Diez,
sire Diez, saint Benoiast* ou *Benoit sire
Diex* ; de-là vint la coutume de dire , la *Be-
noiste Trinité*; l'autel de S. Benoist et l'office
de S. Benoist , ainsi que le dimanche , qui est
appellé dans les vieux titres *dominica bene-
dicta*; on aura donc peu à peu regardé S. Benoist , abbé du Mont-Cassin , comme le patron de la collégiale ; quoiqu'aucun acte , ou
inscriptions ou monuments, n'eussent jamais
désigné cette église ni ses dépendances sous le
nom de *S. Benedicti abbatis vel confessoris* ;
et ce qui est plus à remarquer , c'est que quoiqu'il n'y ait jamais eu de reliques de ce saint
Abbé , ni la moindre relation avec aucune
maison de bénédictins, on y ait introduit l'of-
l'office propre de S. Benoist , Abbé du Mont-
Cassin ; qu'on ait oublié la Ste Trinité , qui
avoit donné son nom à l'hôpital ou aumônerie voisine, proche les Thermes. Cet endroit
ayant été donné aux Mathurins, ces religieux,
dans leur origine , en reconnoissance de ce
premier bien , qui leur avoit été donné par

par le chapitre de Notre-Dame, conserveren.
le nom de la sainte Trinite sous le titre de
la demption des captifs.

Ce n'est qu'au 12ᵉ. siecle qu'on voit paroî-
tre cette église sous le nom de saint Benoist,
sans addition ; elle avoit, en 1364, le surnom
de Bientourné, à cause du transport de l'autel
à l'orient. L'architecture du portail et tout ce
qu'il y a d'ancien est du regne des François Ier.
excepté les pilliers du chœur, au côté septentrional : le sanctuaire n'a été rebâti
qu'au milieu du siecle dernier.

M. Bruté, ancien curé, oncle du dernier de
ce nom, a été un des illustres du clergé
de Paris ; il avoit fondé les filles pénitentes de sainte Valere, ou plutôt il en avoit
été le premier supérieur.

Les tracasseries du chapitre de saint Benoist avec le clergé et les paroissiens, n'ont été
terminées que par la suppression de l'un
et de l'autre, et le tout réuni à saint
Etienne ou sainte Genevieve du Mont.

M. le Tourneux, auteur de l'année chrétienne, prêchant un carême à S. Benoist, y avoit
attiré un si grand nombre d'auditeurs, qu'on
s'y portoit en foule et qu'on y étouffoit.

Le Roi (Louis XIV) ayant entendu parler
de cette affluence extraordinaire , demanda

un jour à M. Despréaux quel étoit un prédicateur nommé le Tourneux. » Sire, répon-
dit le poëte; votre Majesté sait que l'on court
toujours à la nouveauté; c'est un prédicateur qui prêche l'Evangile. « Le Roi le
pressa de dire ce qu'il en pensoit ; M. Despréaux réprit : »Sire , quand M. le Tourneux monte en chaire , il fait si peur par
sa laideur , qu'on voudroit l'en voir descendre ; mais dès qu'il a commencé à parler, on
craint de l'en voir sortir. »

Les Mathurins.

De tous les ordres religieux dans le
14e. siecle , celui des *Mathurins* fut le plus
utile par son objet. Il avoit pris sa source
dans la charité de *Jean de la Mathe* et
de *Félix de Valois* , qui , suivant la légende
des religieux , étoient des personnages illustres par leur naissance ; comme si le motif
qui avoit donné lieu à leur institut n'étoit
pas assez respectable : telle étoit alors la manie :
de presque tous les ordres religieux. Quoi
qu'il en soit , les deux fondateurs firent le
voyage de Rome , et obtinrent facilement du
Pape Innocent III, en 1197 une audience, dans
aquelle il leur permit de former une con

grégation pour le rachat des captifs, et voulut qu'ils fussent appellés Moines de l'ordre de la sainte Trinité (Burghésius *de statutis ordinis ss. Trinitatis.*) Ils portoient dans l'origine le capuce et le cordon ; leur habit étoit blanc avec une croix rouge et bleue, ne mangeoient de la viande que les dimanches et les fêtes : enfin la règle leur avoit défendu de monter à cheval, ils étoient obligés de monter sur des ânes ; ce qui les avoit fait surnommer *freres aux ânes.*

La maison de Cerfroy , près de Meaux , étoit la plus ancienne maison et la premiere; mais le Ministre général n'y a jamais demeuré. Paris étoit un théâtre plus vaste pour ces religieux qui se lasserent bien-tôt de la regle d'Innocent III , et qui prirent le titre *de chanoines réguliers de la sainte Trinité et rédemption des captifs.*

Le nom de mathurins donné aux religieux de la sainte Trinité , vient de *l'hôpital* ou *aumônerie de saint Benoit* , qui leur avoit été cédé par le chapitre de N. D. ; et la chapelle de cet hôpital étant alors sous l'invocation *de saint Mathurin prêtre*, de-là le nom de *Mathurins* donné aux Trinitaires, comme le nom de Jacobins aux religieux de s. Dominique, à cause de la chapelle de saint

Jacques. Les Mathurins auroient été vraiment utiles si, au rachat des captifs, ils eussent joint le soin des pauvres en desservant l'aumônerie de S. Benoit ; mais ils se contenterent de l'hôpital dont ils firent des cloîtres et des lieux réguliers et de leur chapelle une église commencée par *Nicolas Grimont*, ministre Général, continuée par Robert Gaguin, enfin terminée en 1613 par Louis Petit, tous deux Généraux de l'ordre. *Robert Gaguin* étoit auteur des *annales* de France qu'il a écrit en latin sous le règne de Louis XI.

On lit à côté de la porte du cloître l'épitaphe d'un frere convers de cette maison, elle est en lettres gothiques, en ces termes :

> Cy-gít le loyal Mathurin ,
> Sans reproche bon serviteur ,
> Qui céans garda pain et vin ,
> Et fut des portes gouverneur :
> Panier ou hotte , par honneur ,
> Au marché volontiers portoit,
> Très-diligent et bon sonneur ,
> Dieu pardon à l'ame lui soit.

Jean de sacro Bosco, grand mathématicien pour le temps, est aussi inhumé dans le cloître, il étoit d'Halifax, dans le comté d'York en Angleterre, il mourutà Paris en 1245. L'abus que le clergé et l'Université faisoient il y a quatre cens ans de l'autorité qu'ils avoient usurpée, paroît dans une épitaphe de deux écoliers, Leger du Moussel et Ollivier Bourgeois, pendus par sentence du Prévôt de Paris, pour avoir tué un homme ; l'Université ferma les classes, le clergé mit les églises en interdit, et ces deux corps si puissants forcerent Guillaume de Tignonville à aller à Mont-Faucon enlever les deux écoliers, et après les avoir baisés à la bouche, les conduire aux Mathurins, pour être inhumés dans le cloître, où ils furent menés dans une charette par le Boureau, revêtu d'un surplis ; ce qui s'exécuta le 19 mai 1408 : les coupables avoient subi leur sentence le 26 octobre 1407. Il y a long-temps que ces inscriptions qui sont latines et françoises auroient dû être supprimées ; mais la crainte de l'excommunicationet les clameursde l'Université en ont empêché la destruction ; il falloit que la providence écrasât de nos jours ces têtes superbes, et vengeât Paris de leurs outrages, après les avoir couvert de honte et d'humiliation.

L'église et la maison des Mathurins ont été fermées, et leurs biens restitués à la nation. Autrefois l'université y tenoit ses assemblées, elle est remplacée aujourd'hui par la section des Thermes civile et militaire, et le Recteur suivi de ses quatre facultés et de ses suppôts, n'existe plus que dans l'histoire de Crévier et dans les fastes d'une corporation qui a insulté tant de fois à la majesté du trône, et au droit des gens.

Sainte Croix de la Bretonnerie.

Dans l'origine les religieux *de sainte Croix* s'appelloient *Fratres de sanctâ Cruce*. Ils avoient été institués au commencement du 13e siecle, par *Théodore de Celles*, chanoine de *Liége*, qui se retira à *Clairlieu*, entre Liege et Namur, avec quelques-uns de ses compagnons, qui y menerent une vie purement érémitique. Leurs bons exemples et leur piété engagerent saint Louis à leur procurer un établissement à Paris, à la place de l'ancienne monnoie du Roi, dans le lieu appellé depuis de la Bretonnerie. Leur principale occupation étoit de méditer sur la passion et la croix de Jesus-Christ ; ce qui leur fit donner le nom de *croisiers*. Leur église, dédiée sous le titre de l'Exaltation de la sainte Croix, gothique et proprement tenue, n'a rien d'extraordinaire. Barnabé Brisson, 2e président au Parlement de Paris, victime des Seize, et pendu avec Larcher et Tardif, est inhumé dans cette église. La maison, bâtie dans le goût moderne, est très - belle : les chanoines se disoient réguliers, quoiqu'ils ayent eu besoin de réforme dans tous les temps, ont abandonné cette maison, et l'église ne sert que pour la commodité des habitans du quartier, trop éloigné de la paroisse, actuellement saint Gervais.

L'église et la maison des Chanoines réguliers de sainte Croix de la Bretonnerie, étoient bâties sur un terrein appellé anciennement *Champs aux Bretons. Guillaume Breton* et Orange sa femme, y demeuroient en 1260. Mathieu Breton, et Guillaume Breton, chapelain de saint Jean en Greve, y demeuroient dans leur maison en 1299 : ce n'est que depuis que les religieux de sainte Croix s'y sont établis, qu'on l'a nommée la rue sainte Croix de la Bretonnerie.

LES CARMES BILLETTES.

Le miracle vrai ou faux d'une hostie outragée par un juif, a donné lieu à l'établissement des religieux dit *Billettes*.

La maison de ce juif ayant été acquise
par Regnier Flaminge, en 1290, ce bourgeois de Paris y fit construire une chapelle
et deservir par des religieux freres de la
charité de N. D. à qui Flaminge céda la
chapelle des miracles et la maison, à la
réquisition de Guy de Joinville, leur fondateur. En 1408 le couvent et l'église
des Billettes, situés dans la rue des Jardins,
étoient comme enterrés, ce qui obligea les
religieux de construire de nouveaux cloîtres
et une nouvelle église ; de sorte que l'ancienne devint pourlors souterraine et ne servit depuis que de sépulture aux religieux
et aux bienfaiteurs du couvent.

Au commencement du dix-septième siecle,
cette maison, ainsi que celles de leur ordre,
étant tombées dans le relâchement, il ne
resta aux religieux d'autre ressource que
celle de traiter avec d'autres ordres ; et
les Carmes réformés de la province de Tours

en prirent possession en 1631 ; ils bâtirent une nouvelle église à la place de l'ancienne et d'aussi mauvais goût, sans accord et sans proportion. Le dessin du portail est pauvre et sans génie. Papire Masson , un de nos écrivains estimés, est inhumé dans cette église où on lit une inscription, qui porte que le cœur de François-Eudes de Mezerai est dans une des chapelles.

En 1319 — 1330 , la rue des Billettes se nommoit *la rue des Jardins* ; et en 1345 , *la rue où Dieu fut boulu (bouilli)* : l'inscription sur la porte du couvent est conçue en ces termes : *ici est la maison où Dieu fut boulu,* de-là sans doute est venu le nom des *bouillettes ,* ensuite *des Billettes,* à cause du Dieu bouilli par le juif, dans l'hostie consacrée, qui a été conservée depuis à S. Jean en greve On peut lire l'histoire de ce prétendu miracle dans un assez gros volume in-12 composé par un carme Billette, avec les pieces justificatives , qui n'en démontrent pas davantage la vérité et l'existence.

LES BLANCS-MANTEAUX.

Ainsi nommés des premiers religieux qui ont été établis dans cet endroit sous le titre de *serfs de la Vierge Marie* , et sous la regle de saint Augustin. Leur habit et leur manteau étoient blancs, c'est pourquoilepeuple les nomma *Blancs-Manteaux,* nom qu'ils ont conservé, ainsi que leur monastere et la rue, depuis même que les religieux bénédictins de la congrégation de saint Maur y ont été introduits en 1622 avec leurs habillemens noirs et sans manteau. Ce monastere a été rebâti en 1685 : le chancelier le Tellier et Elizabeth Turpin son épouse, en poserent la premiere pierre , et donnerent à ce sujet mille écus ; l'église , sous le titre del'Annonciation, a été bâtie à côté de l'ancienne, dont l'emplacement sert actuellement de jardin. L'intérieur de cette église est beaucoup trop long pour sa largeur , et l'architecture en est trop monotone. Cette maison a été la demeure des savans de la Congrégation de S. Maur : Dom de Foris , entr'autres , a donné une édition complette des œuvres de Bossuet, in 4º. et quelques autres ouvrages. Ces

respectables religieux, soit à saint Germain,
à saint Denis ou ailleurs, ne se croyoient pas
dispensés des devoirs du cloître , ni de l'assistance à l'office ; leur temps étoit si bien
ménagé , que l'étude et les obligations de la
regle se succédoient sans interruption dans
le silence et le recueillement. Aussi le mot
pax , étoit-il la devise des Bénédictins , et
on croyoit la goûter toute entiere en entrant dans ces asyles de la piété et de la
saine littérature.

La rue des Blancs-Manteaux s'appelloit en
1268 la rue de la petite Parcheminerie ; sans
doute que dans la suite elle prendra le
nom de rue du Mont-de-Piété , qui en oc-
cupe une grande partie , par ses bâtimens
spacieux et magnifiques.

L'ÉGLISE DE SAINT MARCEL,

CI-DEVANT COLLÉGIALE.

M. de Launoi a prétendu que cette église étoit l'ancienne cathédrale de Paris ; mais Adrien de Valois a réfuté ce sentiment, ainsi que plusieurs écrivains.

Elle n'étoit dans son origine qu'une chapelle de cimetiere aux environs de Paris, destiné aux évêques et aux clercs. Ces cimetieres avoient leur oratoire comme saint Paul pour les Religieuses de Saint Eloi, Saint Georges pour les Moines de saint Magloire, et les Saints Innocents pour le quartier de la ville séparé de la cité. Saint Marcel fut inhumé dans cette chapelle, peu distante de la riviere de Bievre, et lui donna son nom à cause des miracles opérés à son tombeau, et qui occasionnerent dans la suite les maisons qui ont formé depuis le Bourg Saint Marcel, par le concours des pélerins et des dévots.

Une charte de Charles le Simple, en 918,

semble annoncer que cette église fut d'abord desservie par des Moines ; » *car ce lieu ,* » dit Piganiol , *y est qualifié de Monastere* » *de saint Marcel.* « Ce qui ne prouveroit rien ; personne n'ignore qu'on appelloit *monastere* toutes les églises , et par abbréviation *moustier* , de *monasterium.*

On trouve avant l'an 1158 , une Bulle du Pape Adrien IV , où il parle du doyen de saint Marcel et de ses freres , tant présens qu'à venir , qui leur seront dans la suite canoniquement substitués ; ce qui semble désigner une église collégiale , qui a subsisté jusqu'à nos jours. Voyez ce que j'en ai dit dans mes *Remarques Historiques sur les Paroisses , article Saint Marcel ,* in-8º. , page 69.

Les Religieux de la Mercy.

Pierre Nolasque, gentilhomme Languedocien, et Raimond de Pennaford, Dominicain fameux , et confesseur de Pierre Nolasque , furent les instituteurs d'un nouvel ordre religieux , sous le titre de N. D. de la Mercy , pour le rachat des Chrétiens captifs et esclaves chez les barbares.

Leurs constitutions , en partie tirées de celles des Jacobins , et accommodés à l'exercice de la Rédemption des captifs , furent approuvées par le Pape Grégoire IX , en 1230. La reine , Marie de Médicis , s'étant déclarée protectrice de cet ordre , leur donna l'hôpital et la chapelle de Braque , située dans la rue du même nom , et fondés en 1348 , par Arnold de Braque ; la reine obtint cet hôpital et la chapelle , de François Braque , seigneur du Luat ; elle y plaça les religieux de la Mercy , en 1613 , à la charge que le Commandeur ou le Supérieur de cette Maison , lui présenteroit un cierge , ou à la reine régnante , tous les ans , le jour de la Chandeleur ; ce qui a été exécuté jusqu'à nos jours , que ces religieux ont évacué l'église et leur maison , dont l'entrée principale , est rue du Chaume au Marais ; cette rue s'apelloit du Vieil Braque , en 1549 , à cause de la chapelle de ce nom. La rue du Chantier , du Chaume et de saint Avoye , ne formoient autrefois qu'une seule rue , appellée la rue du Chantier , dite du Temple , à cause que les Templiers y avoient leur chantier ; elle reçut aussi le nom de rue de la Porte Neuve ,

N 2

ou *rue Neuve Poterne*, à cause de la porte
de la ville que Philippe-le-Bel permit **au**
Grand Maître du Temple d'y bâtir alors.

Saint Louis de la Culture.

Le Cardinal de Bourbon, s'étant déclaré
le protecteur des Jésuites, plutôt par crain-
té que par amour pour une société turbu-
lente et toujours inquiete, acheta l'Hôtel
d'Anville, rue saint Antoine, moyennant
seize mille livres, par acte du 12 janvier
1580, et le donna aux Jésuites pour leur
maison professe.

L'année suivante, ce prince leur fit bâtir
une chapelle sous l'invocation de S. Louis ;
quoiqu'elle fut fort petite, les Jésuites s'en
contentèrent malgré eux, jusqu'en 1627,
que le Roi Louis XIII, qui, dès 1619, leur
avoit donné les anciens murs et les fossés
de la ville, éleva sur ce nouveau terrein
et à côté de la premiere chapelle, la magnifique église que nous voyons aujourd'hui.
Ce Roi foible, et mené par le Pere *Suffren*
son confesseur, en posa la premiere pierre.
Sur un des angles on lisoit : *vicit ut Da-
vid, et aedificat ut Salomon* : basse flatte-

rie , dont les Jésuites seuls étoient capables ,
Louis XIII vainqueur ! l'inscription ne dit
pas dans quelle bataille , et ne fait nulle
mention de ce combat. Le portail de cette
église est dans un des plus beaux point de
vue de la rue saint Antoine , en face de
celle de la culture de sainte Catherine. Ce
grand morceau d'architecture a beaucoup
d'apparence , il y a même du beau ; mais
il est trop chargé d'ornements , et la sculpture en est pitoyable. Le Cardinal de Richelieu qui en posa la première pierre , en
fit la dépense, qui ne lui fait pas honneur :
il a été plus heureux à la Sorbonne.

Il falloit voir les deux chapelles à côté
du chœur , sous les arcades desquelles étoient
les cœurs de Louis XIII et de Louis XIV, sou-
tenus en l'air par deux anges d'argent ;
l'un par Jacques Sarrazin , et l'autre par
Coustou le jeune. Il y étoit entré dans la
composition de ce dernier monument quatre
cent soixante et quinze marcs d'argent ;
en sorte que compris le cuivre , le bronze ,
le marbre , cet ouvrage revenoit à plus de
600000 liv. Louis XV en avoit fait la dépense , et il ne fut achevé qu'en 1730. La
révolution de 1789 a fait disparoître ces

beaux et magnifiques morceaux. Les cœurs ont été transportés avec honneur au Val de Grace, et l'argent des anges et des ornements, a sans doute été fondu pour un emploi qu'on ignore jusqu'à présent.

L'église de la maison professe, étoit une des plus riches de Paris : l'or, l'argent, les perles précieuses, couvroient le grand autel. Aux fêtes solemnelles, on voyoit le rétable d'argent, ainsi que la table et le tabernacle, et un soleil d'or, enrichi de grosses perles. L'introduction des chanoines réguliers de la Culture sainte Catherine, avoit occasionné des changements, dont le but étoit de la rendre plus commode et plus propre au service divin. L'autel des Jésuites avoit fait place à un autre près de la balustrade du chœur, où les chanoines réguliers avoient leurs stalles derriere l'autel : on avoit parlé d'y transporter la paroisse de saint Paul et de placer dans la maison le clergé ; on préféra d'en faire un corps-de-garde, de fermer l'église, de la dépouiller, d'en détruire les monumens, et de la rendre inutile au public, en lui préférant une vieille église gothique mal saine, incommode et petite comme celle de saint Paul.

C'est un remerciement à faire à la Municipalité, dans le choix de ses Commissaires, dont la plupart joint à beaucoup d'importance et de suffisance, le ton magistral et despote de l'ancien régime, mais qui malheureusement en cachant l'ignorance de l'individu, laisse appercevoir le petit bout d'oreille qui perce à travers.

On ne peut que gémir de la mauvaise administration, et du peu d'ordre qui régne dans la nouvelle distribution.

Jai vu dans une église un subalterne trancher du maître, et disposer d'un ton absolu des ornemens, parler de la suppression des cloches, et de la destruction prochaine des morceaux, soit de peinture ou de sculpture, qui s'y trouvoient entassés, pour ainsi dire, les uns sur les autres. *O tempora! ô mores* ! Pourquoi laisser à des ignorans le soin de disposer de ces objets ; leur silence sur ces matieres cacheroit au moins leur ineptie. Il faut espérer que l'assemblée nationale corrigera tous ces abus, s'il en est temps encore, que le département les surveillera, et que la Municipalité fera un meilleur choix de ses préposés.

Le Petit Saint Antoine.

Ainsi appellé pour le distinguer de la grande Abbaye du fauxbourg, avec laquelle celui-ci n'avoit aucun rapport. Cet établissement avoit été formé pour des religieux hospitaliers de l'ordre de saint Antoine de Vienne, qui a commencé en 1093, et confirmé par le Pape Urbain II. Charles V les établit dans un manoir appellé *la Saussaye*, avec toutes ses appartenances, ayant sa sortie sur la rue du Roi de Sicile : cette nouvelle maison fut érigée en commanderie, par Pierre de Lobet, abbé général de l'ordre de Saint Antoine, qui y envoya quelques religieux, pour avoir soin des malades attaqués de la maladie appellée *feu sacré* ou de Saint Antoine. Charles V leur fit bâtir une église, qui fut achevée en 1368. C'est celle d'aujourd'hui.

Le Cardinal de Tournon a été un des abbés généraux, et profès du petit saint Antoine. Les Chanoines, qui suivoient la regle de saint Augustin, portoient sur leur habit la figure de la lettre grecque *Tau*, de couleur bleue. Cette croix potencée, annonçoit leur obligation , comme ayant été dévoués au service des malades impotens.

Pierre de Sac Jean a été prieur-commendataire , et l'un des plus illustres d'entre les religieux de Saint Antoine. Cette maison où depuis long-temps il n'y avoit plus de malades , étoit devenue un séminaire de l'ordre : mais elle avoit été réunie depuis quelques années à l'ordre de Malthe , et les religieux avoient quitté l'habit de S. Antoine , pour prendre celui de saint Jean de Jerusalem. Les biens de cette maison ont été adjugés à la nation Françoise , qui en fera un meilleur usage que celui de guérir la maladie du *feu sacré* , moins dangéreuse que le *déficit*.

LES PRÉMONTRÉS,
Rue Haute Feuille.

L'église et la maison des Prémontrés ont été bâties sur le terrein d'un emplacement, comprenant neuf maisons, appartenant à l'abbaye de saint Antoine-des-Champs, qui y avoit un droit foncier ; elles furent vendues aux Prémontrés, moyennant *sept livres dix sols parisis de cens* annuel et perpétuel.

Et au moyen de quelques autres acquisitions, ce college eut une étendue assez suffisante, pour l'instruction des jeunes religieux de cet ordre, institué par S. Norbert, à *Prémontré*, dans le diocèse de *Laon*.

Le bâtiment de ce college a été fait à plusieurs reprises, et ce qu'il y a de plus moderne est le grand corps de logis situé sur la rue Hautefeuille, en face de la rue Pierre-Sarrazin, sous le généralat de Michel Colbert, abbé de Prémontré, qui avoit fait placer ses armes, et celles de l'ordre au-dessus de la principale porte. L'église fut rebâtie en 1618, et dédiée sous l'invocation de *sainte-Anne*. La porte qui étoit dans la rue des Cordeliers, fut changée et placée rue Hautefeuille en 1672, et l'autel fut mis au couchant.

Cette église, quoique petite, étoit propre et très-jolie, à l'exception du tabernacle du maître-autel, qui étoit soutenu par deux anges de grandeur naturelle, et faisoit un très-mauvais effet. L'orgue et les stalles étoient d'un assez beau travail. La rue Pierre-Sarrazin a pris son nom d'un bourgeois qui y demeuroit, ainsi que la rue Hautefeuille, des seigneurs de Hautefeuille qui y avoient leur hôtel. Le college des Prémontrés étoit ci-devant environné de quatre rues, ce qui l'avoit séparé des bâtiments voisins, et donné le nom d'isle, *insula*, c'est-à-dire, isolé.

LA MAISON DE L'ORATOIRE,

Rue Saint-Honoré.

De tous les étahlissements du siecle dernier, aucun ne fait plus d'honneur à la religion que *la congrégation des prêtres séculiers*, plus connus sous le nom de l'*Oratoire*. Cette congrégation fut surnommée de France, pour la distinguer de celle de Rome, instituée par *S. Philippe de Neri*.

Pierre de Berulle, que ses vertus eleverent au cardinalat, en jetta les premiers fondements en 1611; il s'associa cinq ecclésiastiques respectables, docteurs en théologie, de la faculté de Paris, qui commencerent avec lui cette société de prêtres séculiers, dépendants de leur supérieur général, et soumis en même temps aux évêques; ils formerent dans la suite un corps, *où tout le monde obéissoit, et où personne ne com-*

mandoit, dit un jurisconsulte. Tel étoit l'esprit de cette congrégation, qui a produit de grands hommes en tout genre, MM. de Berulle, de Gondren, Bourgoing, Senault, Abel de Ste. Marthe, de la Tour, et Louis-Thomas de la Valette, tous supérieurs généraux; parmi les Prêtres, on distingue les Peres François Senault, le Cointe, Gérard du Bois, le P. Malbranche, le P. Jacques le Long, Bibliothécaire de la maison de l'Oratoire de saint Honoré, savant profond, qui a donné au public plusieurs ouvrages, *Bibliotheca sacra in binos syllabos distincta*, en 2 vol. in-fol. Bibliotheque historique de la France, contenant le catalogue des ouvrages sur l'histoire de ce royaume. Le P. Charles Reynault de l'académie des Sciences, célebre Mathématicien : il ne faut pas oublier, parmi les prédicateurs, Jules Mascaron, mort évêque d'Agen, Jean Soanze, évêque de Senez, Massillon, évêque de Clermont, Surian, évêque de Vence, et les PP. Terrasson, etc. Je laisse aux descripteurs de Paris, les détails des bâtimens de l'Oratoire, depuis son origine : je dirai seulement que cette Congrégation célebre a eu, de tous les temps, t jusqu'à nos jours , de grands hommes , des ecclésiastiques remplis d'une morale saine et pure , dont la vie édifiante et toujours active , pouvoit servir de modele au clergé de France. On regrette , avec raison , l'extinction prochaine de cette maison , où sembloit s'être réfugiés la discipline ecclésiastique et les connoissances propres à remplir dignement les fonctions du saint Ministere.

Cette congrégation avoit pris pour son modele J. C. dont le nom étoit devenu le mot de ralliement de l'Oratoire. En détruisant ce corps respectable , bien supérieur à tous les établissemens ecclésiastiques , on soupçonneroit presque qu'on a voulu attenter à la religion elle-même : puisse ce pressentiment ne jamais se réaliser ; et malgré le décret qui supprime les corporations , souvenons-nous que l'église est le corps de Jesus-Christ , suivant cette expression de l'Apôtre , qui se glorifioit d'en être le ministre.

Corporis Cristhi , disoit-il , *quod est ecclesia , factus sum , ego minister , ut ad impleam verbum Dei.* Ce passage pouvoit être adapté à la célebre congrégation , par laquelle je finirai l'article des communautés séculieres , supprimées par l'assemblée nationale.

Les Clercs Réguliers dits Théatins.

L'établissement des PP. Théatins à commencé en Italie vers l'an 1524 , par saint *Gaëtan de Vicence* et par *Pierre Caraffe*, évêque de Theati , dans le royaume de Naples , et qui devint Pape sous le nom de Paul IV. C'est du nom de l'évêché de *Pierre Caraffe* , que ces religieux ou clercs réguliers de cette congrégation ont été nommés Théatins.

Le Cardinal Mazarin , qui connoissoit le mérite de ces Peres , les fit venir de Rome à Paris et leur acheta une maison sur le *Quai Malaquais* (Quai de Voltaire) , vis-à-vis des galeries du Louvre , en 1642 , pour la somme de 54000 liv.

Il se déclara leur fondateur , en leur léguant , par son testament , une somme de cent mille écus , pour bâtir une église , dont le plan leur coûta 72000 liv. Dom Guarino Guarini , un de leurs religieux , qui passoit pour un habile Architecte , commença le nouvel édifice , d'un dessin hardi et singulier. Le Prince de Conti en posa la premiere pierre , au nom de Louis XIV , le

28 Juin 1662. Cette église demeura imparfaite jusqu'en 1714 , qu'on reprit l'ouvrage sur d'autres dessins , les premiers
ayant paru trop vastes et trop gigantesques,
Lievain , architecte de Paris, en donna d'autres , qui furent suivis , à la réserve du portail , qui est de Pierre Desmaisons , architecte célébre , par la libéralité du P. Boyer ,
Théatin , ancien évêque de Mirepoix.

Ce portail ne correspond pas à la
beauté du local ; il est petit, mesquin ,
placé sur le plus beau quai de Paris ; son
ensemble devoit offrir au Louvre un point
de vue imposant , mais ce portail est sans
goût , sans génie et sans invention ; la
magnifique architecture du Louvre , fait encore mieux sentir la pauvreté de ce monument.

Louis XIV , qui avoit posé la premiere
pierre de cette église , voulut qu'elle portât
le nom de sainte Anne la Royale , en l'honneur d'Anne d'Autriche sa mere , qui donna
aux Théatins un grand nombre de reliques et d'objets précieux qu'on a vu dans
leur sacristie.. Ces peres avoient élevé depuis quelques années un bâtiment neuf sur
le quai ; à peine jouissoient-ils des revenus

que la révolution occasionna leur suppression et la vente de leur église, et des maisons qui leur appartenoient. Le 28 mai 1661, le cœur du cardinal Mazarin y avoit été apporté et inhumé, ainsi que celui de Varesti, nonce du pape, du maréchal de la Feuillade, mort à Marly le 29 Janvier 1725, du chevalier de Bouillon, mort en 1733, âgé de 62 ans, et de plusieurs autres personnages illustres par leur mérite ou leur naissance.

Cette maison étoit la seule que les Théatins ayent eu en France ; ceux qui y avoient fait profession, faisoient vœu de stabilité, à moins de sortir du royaume. Cette communauté a fourni de grands hommes, et d'excellents prédicateurs. Les prêtres réfractaires à la loi constitutionnelle du royaume, s'étoient emparés de cette église, qu'ils tenoient à bail de la municipalité, pour y célébrer l'office divin ; mais la voix du peuple qui est toujours celle de Dieu, n'a pas voulu permettre qu'un schisme divisât la religion catholique, et il a empêché qu'on élevât autel contre autel, malgré les réclamations, et le prétexte de la liberté, et l'autorité du corps mnnicipal et du département. Cet

événemei t

événement a donné lieu à des scènes scandaleuses de la part des fanatiques et des dévots, qui ont été forcés de renoncer à leur plan schismatique ; l'église a été fermée, et ne sert à aucun usage jusqu'à nouvel ordre.

LES GRANDS AUGUSTINS.

On peut mettre au rang des *moines empruntés*, les religieux mendiants appellés *Augustins*.

Ces hermites, nouveaux Geais, parés des plumes du Paon, errants et vagabonds, sous un vêtement bizarre, en imposerent à la multitude, par des observances ridicules. Fiers d'un grand nom, et sous le prétexte de suivre à la lettre la regle du saint Evêque d'Hippône, ils formerent, sur la fin du dixieme siecle, des congrégations de toute espece ; leur nombre étoit si considérable, qu'ils formerent dans la seule Italie cinq congrégations, sous le Pape *Innocent*, et on ne parvint à les réunir en un seul et même corps, que sous *Alexandre IV*, en 1256.

C'est ainsi que fut institué un nouvel ordre de moines, sous le titre *d'Hermites de saint Augustin*, dont ils suivoient à la vérité la regle , mais qu'ils ne pouvoient regarder comme leur fondateur. Le saint Evêque d'Hippône , n'avoit fait une regle que pour les clercs qui vivoient en commun dans la cathédrale , suivant les canons et la discipline de l'église. Delà le nom de chanoines donné à quelques ecclésiastiques , à l'exemple de ceux *d'Hippône*.

Les Hermites de saint Augustin , s'étant répandus par-tout , s'établirent à Paris sous le regne de saint Louis , en 1259 , près la porte Mont-Martre : ils abandonnerent bientôt ce premier établissement , pour aller se fixer près de saint Victor , dans **un lieu** inculte et rempli de chardons , appellé *Cardinetum* , le Chardonnet. Ils acquirent ce terrein en 1285 du chapitre de N.D , moyennant 400 livres tournois ; ils y joignirent un autre de l'abbé de saint Victor , pour le prix de 221 livres 13 sols 4 deniers tournois et une maison près celle des bons-enfants.

Ces acquisitions prouvent que ces religieux avoient déjà sçu mettre à profit les aumônes des Parisiens crédules ; mais cet endroit , étant trop solitaire et trop éloigné pour leurs quêtes , ils vendirent leur acquisition du *chardonet* , et s'accommoderent avec *les Freres de la pénitence de J. C.* espece de foux qu'on appelloit *Freres Sachets*, à cause qu'ils étoient vêtus d'une robe en forme de sac ; mais la pauvreté de ces moines établis par saint Louis sur les bords de la seine, et sur le territoire de l'abbaye de saint Germain, les ayant obligés de vendre leur possession aux Hermites de saint Augustin, ceux-ci plus adroits et moins pauvres, s'en emparerent, le 14 octobre 1293, et s'y sont maintenus jusqu'à nos jours. On peut juger de l'étendue du terrein immense de ces religieux, il comprenoit l'espace qui forme la rue des Grands Augustins, la rue Dauphine, jusqu'à la rue Christine, le quai, qui commence à leur église, jusqu'à l'hôtel de la Monnoie.

Froissard, rapporte que près la grande porte extérieure du couvent, sur le quai, et qui donne entrée dans une petite cour, fut inhumé *Raoul de Brienne*, Comte d'Eu, et de Guines, connétable de France, qui eut la tête tranchée à l'hôtel de Nesle.

Charles V fit commencer le bâtiment deleur église, qui ne fut achevée, que sous le regne de son successeur, et dédiée sous l'invocacation de sainte Anne , par *Guillaume Chartier* , évêque de Paris , le 6 Mai 1463 ; c'est-à-dire , plus de 73 ans après la mort de Charles V.

Un si long intervalle n'a point rendu cette église plus belle ni de meilleur goût ; elle se ressent du siecle où elle a été bâtie : il n'y avoit rien de remarquable que les sept grands tableaux de la cérémonie de l'Ordre du Saint Esprit , depuis Henri III , et les stales du chœur , ouvrage magnifique de menuiserie commencé en 1666 , et achevés en 1672. Le jubé étoit très-médiocre , ainsi que les deux chapelles à l'entrée du chœur. Il n'en est pas de même de la chaire , excellent morceau de sculpture de *Germain Pilon* , en 1588. Les bas-reliefs en sont très-beaux , ainsi que les figures. On y avoit ajouté depuis une couronne de bois de 8 pieds de diametre , soutenue par cinq anges et relevée de fleurs-de-lys. Ce superbe ouvrage attiroit les connoisseurs , lorsqu'en 1684 on s'avisa de le faire dorer , et on en a gâté les beautés. La dorure est un barbouillage , qui ne peut plaire qu'aux ignorans ; c'est ainsi qu'on a gâté la chaire de saint Roch , et les beaux bas-reliefs de M. *Challe.*

On voyoit dans le cloître des Augustins, du même Germain Pilon, une statue de *Saint François d'Assise* , à genoux, en habit de Capucin, recevant les stygmates ; cette figure de terre cuite étoit le modele d'une en marbre exécutée par cet Artiste célebre pour la chapelle du Louvre. On remarquoit dans la chapelle du même cloître un buste d'albâtre au-dessus d'un tom- beau magnifique, qui renferme les cendres de *Jean-Baptiste Gondy* , pere d'Albert , Comte de Retz , et de Pierre de Gondy, évêque de Paris ; Jérome de Gondy, ayant fait ériger ce monument , qui finit ainsi : H. M. P. Ce qui signifie , *Huic mortuo pre- care , obiit anno salutis M. D. LXXX. annis agens LXXX.*

Charles de Malon de Bercy, doyen des Maîtres des Requêtes , mort le 3o mai 1676 , est inhumé au milieu du chœur ; il avoit donné une somme considérable , qui fut employée à la décoration du Maître-Autel , qui, commencé en 1675 , ne fut achevé qu'en 1678. C'étoit un tabernacle de me- nuiserie gigantesque et de fort mauvais goût. *Remy Belleau*, Poëte françois, né à Nogent le Rotrou, mort le 6 Mars 1577, et aussi inhumé dans le chœur ; il est auteur de l'*Anacréon* françois, qu'il avoit traduit du grec. Un de ses meilleurs ouvrages est le Poëme *de la Nature et de la diversité des Pierres précieuses* ; ce qui avoit donné lieu à *Ronsard* de lui composer cette épitaphe, gravée sur sa tombe :

> Ne taillés mains industrieuses
> Des pierres pour couvrir Belleau.
> Lui-même a bâti son tombeau
> Dedans ses pierres précieuses.

Gui du Faur, sieur de *Pibrac*, connu par ses quatrains, mort le 12 mai 1584, âgé de 56 ans, est inhumé près le grand autel à droite ; il étoit Chancelier de Marguerite, Reine de Navarre.

Eustache du Caurey, un des plus grands Musiciens de son siecle, est inhumé dans la nef, auprès de la chaire. On a vu long-temps son épitaphe en latin. Il mourut en 1609 à l'âge de 60 ans. On lui attribue la plupart des airs de nos *Noëls* : ce sont des gavottes et des menuets qu'il avoit composés pour le divertissement du Roi Charles

IX. Charles Perrault avoit eu en sa possession les livres de musique de du Cauroy. La
famille des *Barentins* avoit aussi sa sépulture dans une chapelle à côté du chœur.

Philippe de Commines , connu par les
Mémoires qu'il a laissés sur les regnes de
Louis XI et Charles VIII , mort en 1509. Il
fut inhumé dans une petite chapelle , derriere celle du Saint Esprit , à main gauche du chœur. On voyoit sur son tombeau
un globe en bas-relief , et un *chou cabus* ,
avec cette devise , *le monde n'est qu'abus.*
Je ne parle pas de l'inscription placée au
coin de la rue des grands Augustins et de
l'Eglise , et du bas-relief gothique posé en
cet endroit en 1440. C'est le procès-verbal
d'une Sentence rendue en faveur de l'U-
niversité , à l'occasion d'un attentat commis envers des Religieux. Il y a long-temps
qu'on auroit dû supprimer ce monument
du despotisme de l'Université , de ses suppôts et de l'orgueil monacal.

En 1658 les Augustins soutinrent un
siége contre le Parlement , qui avoit envoyé saisir au corps onze Religieux , qui
furent emprisonnés à la conciergerie le 23
août de cette année. C'est ce que *Boileau*

avoit voulu exprimer dans son Poëme du Lutrin , lorsque faisant parler la Discorde , elle dit , *j'aurois fait soutenir un siége aux Augustins.*

Cette église étoit une des plus riches de Paris en argenterie et en reliquaires précieux ; on distinguoit quatre figures de vermeil qui représentoient la Sainte Vierge , Saint Augustin , Sainte Monique et Saint Nicolas de Tolentin ; on a tout enlevé , l'autel et les belles stales du chœur : on s'est empressé de détruire les monumens ; à peine a-t-on laissé le temps d'en dessiner quelques-uns.

Graces au *destruendi cacohetes* de nos administrateurs ; graces à l'ignorance des préposés et à l'avidité insatiable de tout envahir , de tout vendre , et de faire argent de tout.

C'étoit dans ce couvent , que se tenoient les assemblées de l'ordre du saint Esprit , qui avoit fait décorer deux salles du monastere , avec les portraits , les armes des commandeurs et chevaliers de l'ordre ; ce qui a été exécuté par l'abbé de Pomponne , en 1733.

Le Clergé de France y tenoit aussi ses

assemblées générales, les chambres de Justice et de Vacation, y ont aussi tenu leurs séances, l'une en 1714, et l'autre en 1720, lorsque le Parlement étoit exilé à Pontoise. La Chambre des Comptes, a tenu ses séances lors de l'incendie du Palais, en 1737. Cette maison va être vendue, on va abattre sans doute l'église et le cloître ; cet emplacement est un des plus beaux de Paris, pour y construire des bâtimens plus réguliers, qui contribueront à l'embellissement et à l'avantage de la capitale.

LES PETITS AUGUSTINS

DE LA REINE MARGUERITE.

On doit l'établissement des Religieux plus connus sous le nom de *petits Augustins*, à la Reine Marguerite de Valois, premiere femme de Henri IV. C'étoit pour acquitter le vœu que cette princesse avoit fait au château d'Usson, où elle étoit prisonniere de doter des Religieux pour prier et remercier Dieu de ses faveurs ; à peine de retour à Paris, elle exécuta ce projet en achetant une maison contigue à son palais dans le faubourg Saint-

Germain pour y loger des Augustins déchaussés ; elle leur donna 6000 liv. de rente perpétuelle, avec promesse de leur bâtir un couvent qu'elle voulut nommer le *couvent de Jacob*; elle fit même bâtir la chapelle dont la voûte en pans coupés parut alors d'un genre d'architecture tout nouveau.

Mais bientôt cette Princesse dont la piété peu éclairée ne consistoit que dans des observations minutieuses , substitua aux Augustins déchaussés , ceux de la réforme de Bourges, sous le prétexte que les premiers ne pouvoient rien posséder en propre , et ne remplissoient pas ses vues de chanter jour et nuit les louanges du Seigneur sur des airs de sa composition. C'étoit le *laus perennis* des anciennes Abbayes , en usage à Saint-Denis et ailleurs , projet impraticable et que la Reine fut obligée d'abandonner ; elle mourut en mars 1615 , et son cœur a été déposé dans la chapelle avec une épitaphe à sa louange que composa M. Servin, avocat général au Parlement de Paris.

Ce ne fut qu'en 1617 qu'on jetta les fondements de l'Église; la Reine Anne d'Autriche en posa la premiere pierre le 15 mai de la même année , et ce bâtiment fut fini au bout de deux ans et dédié sous l'invocation de Saint-Nicolas de Tolentin.

Cette église n'avoit rien de remarquable que le Maître Autel ; on voyoit dans le fond au-dessus du Tabernacle , la figure d'un ago-nissant consolé par un Ange , à la priere de Saint Nicolas de Tolentin. Le 10 septembre, jour de la fête de ce Saint , on bénissoit des petits pains qu'on distribuoit dans l'église aux assistants , et cette distribution avoit lieu le même jour dans toutes les maisons de cet ordre.

Ces pieuses momeries sont tombées avec leurs instituteurs , et la Reine Marguerite qui n'avoit pu donner des successeurs à Henri IV. avoit cru faire beaucoup pour l'état et pour le Ciel de former cet établissement reli-gieux, de nourrir des moines dont les revenus s'étoient bien augmentés depuis par les se-cours temporels qu'ils avoient eu soin d'é-changer pour les biens spirituels , dont ils étoient les dispensateurs et les économes.

Cette église étoit le rendez-vous du quartier; la confrerie des agonissants et de la bonne mort attiroit un nombre infini de dévotes de toutes les classes , sur-tout des gens de mai-son ; les messes étoient d'un revenu considérable. Chaque année le samedi d'après la Quasimodo , on célébroit la fête d'un Saint Martyr , à qui on avoit donné le nom de *Felicissime* , c'est-à-dire *très-heureux*. Les Moines auroient été fort embarrassés de nous en communiquer les actes, c'étoit un corps, prétendu saint, tiré du grenier du Pape, c'est-à-dire des Catacombes de Rome ; on exposoit cette relique pendant huit jours , et cette octave solemnelle étoit annoncée par des affiches. Les Petits Augustins s'étoient très-bien comportés au commencement de la révolution , ils avoient offert leur maison pour servir d'hospice aux soldats de la troupe du centre , mais le Département a changé ces dispositions ; leur Église fermée n'a plus servi qu'à la vente des ornements et des meubles de différentes Communautés , et les religieux se sont réunis avec les grands Augustins et ceux de la place des Victoires dans la maison des Carmes , près la place Maubert.

LES PETIS PERES

DE LA PLACE DE LOUIS XIV.

Peu de communautés religieuses à Paris ont eu des commencements aussi brillants que les Augustins déchaussés. Accueillis par la reine Marguerite, révoqués par cette princesse inconstante et superstitieuse, ce ne fut qu'après sa mort, que ces religieux errants, obtinrent, en 1619, de M. de Gondy, évêque de Paris, la permission d'établir un couvent de leur réforme; ce que ce prélat leur ayant accordé par ses lettres du 19 juin 1620, ils vinrent s'établir au fauxbourg Mont-Martre, près saint Joseph. Ils abandonnerent bientôt cet endroit incommode, pour un autre terrein près celui où est aujourd'hui la place de Louis XIV. Louis XIII se déclara leur fondateur. Il posa la premiere pierre de leur église, et leur accorda les mêmes privileges, droits, franchises des autres maisons de fondation Royale.

Ces religieux, parmi lesquels on compte de grands hommes en tout genre, cultivoient les arts, les belles lettres et les sciences , ils étoient d'une grande utilité dans ce quartier peuplé, les pauvres étoient sûrs d'être secourus, les malades trouvoient des remedes à leurs maux, et les paroissiens de saint Eustache, et les habitans des environs, des secours spirituels le jour et la nuit. L'histoire naturelle, l'étude des plantes, étoient de leur ressort ; les freres convers de cette maison, toujours actifs et laborieux, cultivoient en tout temps les plus belles fleurs et les fruits les plus rares ; leur potager, d'une vaste étendue, étoit d'une propreté et d'une élégance qu'on a admiré long-tems ; réunis avec les Grands Augustins, et ceux de la Reine Marguerite dans la maison des Carmes près la place Maubert, ils forment ensemble une communauté de 25 à 30 religieux restés fidèles à leur institut et à leur engagement, et continuent d'être utiles au public par les secours de la religion.

Tout Paris connoissoit *les salades* nommées *des petits peres* ; on nous saura gré d'annoncer que le changement de domicile et de local n'a rien fait perdre à la culture de ces plantes potageres, sous la direction *du frere Geoffroy*, religieux convers, qui, par son travail et ses soins, est parvenu à tirer parti de ses connoissances dans la culture du jardinage ; on le trouve à la place Maubert, maison des Carmes, ou à la place Louis XIV chez le portier de la paroisse de Saint-Augustin.

LES BERNARDINS.

Ces religieux étoient un démembrement de l'ordre de Saint Benoist, que Saint Bernard voulut réformer. Il ne prévoyoit pas alors que sa nouvelle milice auroit besoin dans la suite d'une réforme elle-même. L'établissement que les religieux *de Citeaux* firent à Paris n'étoit, à proprement parler, qu'un college pour les religieux envoyés de Clairvaux, à qui les Jacobins et les Cordeliers reprochoient leur ignorance. Etienne de Lexinston, anglois de naissance, abbé de Clairvaux, obtint du Pape Innocent IV la permission d'établir un college pour les religieux de son ordre. Le motif de sa demande étoit d'occuper ses moines, et afin qu'ils ne fussent point exposés au mépris des freres prêcheurs et des cordeliers qui faisoient profession de cultiver les lettres. Le pape, non-seulement approuva la fondation de ce college , mais ordonna au chapitre général de Citeaux d'en établir d'autres ; celui de Paris eut lieu dans la maison appellée *l'Hôtel des Comtes de Champagne* , qui appartenoit à Clairvaux. Lexinston y joignit six arpens de terre , *et Alphonse de France* , frere de Saint Louis , et Comte de Poitiers , s'en déclara le fondateur. Le terrein de ce college étoit au chardonnet , près Saint Victor , (*à carduis quibus abundabat*).

Le Pape Benoist XII , qui avant son pontificat étoit moine de Clervaux et avoit été professeur dans ce college , et le Cardinal *Guillaume Curti* , aussi religieux de Citeaux , ayant entrepris de faire construire une nouvelle église , la premiere pierre en fut posée le 24 mai 1338 : mais cet édifice n'a jamais été achevé ; ayant été interrompu par la mort du Pape , il est demeuré imparfait ; s'il etû été achevé , il seroit un des plus beaux gothiques qu'il y ait , ensorte que cette église a toujours eu l'air d'un bâtiment ruiné.

Le Pape Benoist XII étoit de Toulouse , et se nommoit *Jacques Fournier* ou *Novelli* , religieux de Citeaux , abbé , évêque , cardinal et pape.

Il

Il semble que l'établissement de ce college à Paris , ait occasionné les désordes reprochés aux Bernardins ; l'étude des lettres leur ayant donné entrée dans le monde , ensorte qu'on pouvoit dire d'eux : *evadunt doctiores sed nunquam meliores* ; on les vit décheoir, non pas en nombre, mais en sainteté , suivant le témoignage d'un chartreux; *cistercii*, disoit-il , *ut citòcrescunt ita et citò decrescent , on quidem pluralitate sed sanctitate*; ce qui s'est vu depuis au grand scandale de l'état et de l'église. La révolution a supprimé tous les monasteres de cet ordre , et les Feuillans qui étoient une réforme de l'ordre de Saint Bernard , ont été enveloppés dans la proscription générale. La maison du college des Bernardins est destinée pour quelques opérations municipales , ou pour le centre de la section. L'église a été donnée aux enfans orphelins du saint esprit , ci-devant placés à côté de l'hôtel de ville.

Les Chartreux.

Le château de Vauvert ou Valvert , *Vallis Viridis* faisoit partie du domaine des Rois de la Ire. et IIe. race jusqu'à saint Louis, qui en fit don aux Chartreux. On ignore par qui il fut bâti. Sa situation au milieu d'une plaine riante et bien cultivée , en rendoit le séjour très - agréable. Ce Vallon étoit une suite des champs de la grande plaine qui avoit servi de sépulture des morts avant et depuis l'établissement du christianisme. Ce terrein , réduit en simple gazon à la longueur du temps , lui avoit fait donner le nom de *Valvert* ; cultivé dans la suite et planté de vignes , dont le roi avoit une portion et l'évêque l'autre : la premiere fut appellée durant plusieurs siecles *le clos le Roi* , et quelquefois *les Muraux* , à cause des restes des petits murs qui ancienne- ment séparoient les tombes et les sépul- tures qu'on avoit enfouies pour y bâtir le château.

La tradition populaire des esprits folets ou revenants , qui infestoient , disoit-on, le bas du côteau , l'avoit rendu inhabitable au point qu'on avoit bouché les portes et les fe- nêtres de l'hôtel de Vauvert. Les Chartreux l'ayant obtenu de saint Louis , sitôt qu'ils en eurent pris possession , les diables dis- parurent ; mais le nom *d'Enfer* demeura à la rue , depuis la place jusqu'à la porte *saint Michel* : ces religieux dont l'institution est si contraire aux loix de la nature et de

la raison, jouissoient alors de cette considération que procure un genre de vie
extraordinaire. Le nom de Chartreux leur
vient du village ou du désert de *Chatrou*
ou *Cartrou*, près Grenoble, dans le Dauphiné,
(*a*). Cet institut date de l'an 1130 ou
environ ; et ce ne fut que plus de 150 ans
après la mort de saint Bruno, que son ordre fut établi à Paris, d'abord à Gentilly, où
saint Louis les logea, au nombre de cinq
religieux, à la tête desquels étoit Dom Josse-
ran.

Mais se trouvant trop éloignés des secours des bons parisiens, ils profiterent de la
fable des esprits et des diables qui habi-
toient le château de Vauvert, pour en faire
la demande au Roi, qui le leur accorda,
non sans peine, dans la crainte où étoit ce
Prince pieux et crédule, que ces religieux
ne fussent la victime de leur nouvelle acquisition.

Les processions, l'eau bénite, et les prie-

(*a*) On appelle encore à Liege et dans presque toute
la Flandre flamande les Chartreux *Châtroux*, qui est
leur ancien et véritable nom.

res des nouveaux hôtes, purgerent le château de Vauvert des esprits folets, et depuis on n'en entendit plus parler.

Les parisiens, témoins de ce qu'ils regardoient comme un prodige, leur fournirent abondamment le nécessaire, et bientôt à la place du château, s'éleverent l'église et des bâtimens réguliers. Dans la suite on construisit le grand cloître, l'infirmerie et la chapelle extérieure ; enfin saint Louis, dont le zèle pour la propagation des ordres religieux, étoit sans bornes, et édifié de la vie solitaire et pénitente des disciples de saint Bruno, ne se contenta pas de leur donner l'endroit et l'hôtel de Vauvert, avec toutes ses appartenances et dépendances, mais même leur laissa la maison, les vignes et les terres où il les avoit établis à Gentilli ; l'acte de cette fondation est de l'an 1259. L'ancienne chapelle de l'hôtel de Vauvert, sert encore aujourd'hui de réfectoire.

L'église, bâtie par Eudes de Montreuil, qui en fut l'architecte, avoit été commencée par l'ordre de S. Louis, avant son départ pour les voyages d'outre-mer : mais ayant été interrompue, elle ne fut finie qu'en 1324, et dédiée le 26 mai 1325, sous l'invocation de

la sainte Vierge et de saint Jean - Baptiste ,
par Jean d'Aubigny , évêque de Troyes.

Cette église renferme des tableaux bien
précieux , au-dessus des sales et entre les
vîtraux ; ils sont de la main de nos plus habiles peintres , sans parler de ceux de le
Sueur , dans le petit cloître d'où ils ont
été enlevés et cédés au roi par les Chartreux. Jeanne de Châtillon , comtesse d'A-
lençon et de Blois etc. , est représentée dans
le grand cloître , offrant à la Ste Vierge
et à saint Jean - Baptiste , 14 Chartreux à
genoux , pour lesquels elle avoit fondé 14
cellules.

Jeanne de Châtillon adresse cette prière
à la Vierge.

> Vierge , mere et pucelle , à ton
> Cher fieus présente quatorze freres
> Qui prient pour moy ;

L'enfant Jesus lui répond :

> Ma fille , je prends le don que tu me fais,
> Et te rends tous tes mesfaits.

Le haut est orné de dix-sept écussons aux
armes de France et de Chatillon.

Cette Princesse avoit été mariée à douze

ans, à M. Pierre de France, comte d'Ale-
çon, fils de S. Louis. En 1712 ce monument
avoit été renouvellé conforme à l'original,
sur plâtre, qui étoit dessous, par MM. de
Chatillon, pour en conserver la mémoire.

Plusieurs personnes de mérite ont été in-
humées dans ce cloître, ou dans le grand
cimetiere, parmi lesquelles on distingue *Jean
Versoir* dit *Versoris*, célebre par son plai-
doyer pour les Jésuites, contre Etienne Pas-
quier, et pour avoir été un furieux ligueur;
il mourut de saisissement de l'assassinat du
Duc et du Cardinal de Guise.

Jean de Cordes, originaire de Tournai,
né à Langres, d'abord Jésuiste, ensuite
chanoine à Limoges, où il acheta la biblio-
thoque de *Simon Bosius*, qu'il augmenta
considérablement, mort à Paris en 1642,
âgé de 72 ans. Le Cardinal Mazarin acheta
sa bibliothéque 20,000 liv., elle servit de
fonds à celle des quatre Nations, ou college
Mazarin, qui a été si augmentée depuis,
et qui deviendra plus précieuse encore entre les mains du nouveau Bibliothéquaire,
M. l'abbé le Blond.

Pierre Danet, Curé de sainte Croix en
la Cité, mort en 1709, auteur du Dic-

tionnaire des antiquités Grecques et Romaines est superficiel, aussi est-il oublié. Danet avoit été précepteur de *Baudelot de Dairval*, un des plus savans antiquaires des derniers temps, mais sans goût, comme son précepteur.

Le terrein de la chartreuse est immense, le jardin potager seul est au moins de quinze arpens. On attend avec impatience qu'il plaise à ces religieux de faire place nette, pour avoir une communication libre avec les nouveaux boulevards, et pour la vente de ce terrein précieux et si étendu, trop considérable pour quarante Religieux, dont il en reste peu depuis la révolution. Cette Chartreuse n'avoit rien de magnifique, et ne pouvoit être comparée à celle du Mont-Dieu, dans le département des Ardennes, près Sédan, dont elle est distante de trois lieues.

Les Célestins.

Ces Religieux, institués vers le milieu du 13e siecle, par Pierre de Mouron, nom d'une montagne près de Sulmone, au Royaume de Naples, où il s'étoit retiré, ne furent connus en France que sur la fin du même siecle. Leur instituteur, ayant été élu pape, le 5 juillet 1294, prit le nom de Célestin V, qu'ont porté depuis les religieux de son ordre. Ils s'établirent à Paris sur un terrein qu'avoient occupé les Carmes, qui ayant vendu cet emplacement 500 livres parisis à Jacques Marcel, bourgeois de Paris, ce particulier y fit bâtir deux chapelles et les dota chacune de vingt livres de rente amortie.

Ce terrein et les deux chapelles, passerent à Garnier Marcel son fils, qui les donna aux Célestins. Robert de Jussi, chanoine de saint Germain l'Auxerrois, et secretaire du Roi, qui avoit été novice chez les Célestins à saint Pierre de Châtre, près de Compiegne, contribua le plus à leur établissement. Les secretaires du Roi, à sa sollicitation, établirent leur confrérie aux Célestins, et avec la permission du Roi Jean, ils leur donnerent chaque mois leur bourse.

Charles Dauphin et Régent du Royaume, confirma cette libéralité, évaluée à 300 ivres par an. Charles étant parvenu à la couronne, se déclara non seulement leur protecteur, mais même leur fondateur ; non content de la bourse de chancellerie , et du don de 200 livres de rente qu'il avoit ratifié , il leur donna dix mille francs d'or , et les bois pour la construction de leur église. Il fit bâtir les lieux réguliers ; il y joignoit une partie des jardins de l'hôtel saint Paul , et mit le comble à ses bienfaits par les plus grands privileges et exemptions qu'il leur accorda.

L'église à laquelle Charles V avoit mis la premiere pierre le 24 mars 1367 , fut dédiée sous le titre de l'annonciation de la ste Vierge , le 15 septembre 1370. La chapelle que Louis Duc d'Orléans , second fils de Charles V , fit bâtir aux Célestins , renferme plusieurs tombeaux dont la sculpture offre aux curieux , ce qu'il y a de plus parfait en ce genre.

Il seroit à souhaiter qu'on ne touchât pas à ces monuments précieux , et que la chapelle fut conservée , dans le cas où on vint à détruire l'église , qui n'a rien de bien remarquable , que le tombeau de Jeanne de Bourbon , épouse de Charles V , et qui mourut en 1377 , dans lequel il n'y a que ses entrailles ; celui de Leon de Lusignan , Roi d'Arménie , décédé au palais des Tournelles le 29 novembre 1393, et qui est à gauche du sanctuaire, Jean de Mortis, chantre de la sainte chapelle, auteur du répertoire tant civil que spirituel de l'état de la sainte chapelle ; Guillaume de Pellevé, Cardinal Archevêque de Sens, fameux ligueur, y sont inhumés. Il y a quelques années que les Célestins sont supprimés en France. Leur église et leurs maisons ont essuyés, depuis ce temps, bien des changements : enfin la suppression des maisons religieuses, par le décret de l'assemblée nationale, a porté le dernier coup à la maison des Célestins ; on en a enlevé l'argenterie, tous les ornemens, et la bibliothéque. Cette maison, d'une vaste étendue, et dans une position agréable, sert en partie de corps-de-garde, et l'autre partie a été donnée pour l'instruction gratuite des sourds et des muets, présidée par M. l'abbé Sicard, dont les talens, pour ce genre d'éducation surnaturelle, ont fixé sur lui l'attention de l'assemblée nationale, du département et de la Municipalité, en lui conciliant l'estime et la reconnoissance de ses concitoyens.

L ES C ARM ES.

Sous cette dénomination, je comprends les Carmes de l'ancienne observance, et les Carmes de la réforme.

L'origine de ces religieux est aussi chimérique, que leur institut étoit inutile.

Leur prétendue extraction du Prophête Elie, qu'ils regardent comme leur instituteur, cette filiation non interrompue des Solitaires du Mont Carmel, ne méritent pas d'être refutés ; c'est encore à saint Louis qu'on est redevable de cette nouvelle recrue qu'il trouva en Syrie ; il en amena six avec lui, et les logea d'abord sur les bords de la seine, près saint Paul ; comme ils portoient un manteau bigarré, on les appella d'abord les frères *Barrez*, nom qui est resté à une rue du voisinage, dite des *Barrés* : mais les fréquentes innondations de la Seine, leur grand éloignement de l'université, leur ayant fait desirer de quitter un endroit aussi incommode, il s'adresserent à Philippe V., dit le long, roi de france, qui leur donna l'emplacement qu'ils ont eu depuis 1317. Jeanne d'Evreux son épouse, contribua beaucoup à leur établissement, au bas de la montagne de sainte Genevieve, dans un endroit appellé *Charme*, ce qui avoit fait croire au pere *Hardouin*, Jésuite, savant et très-érudit, que leur nom de carmes leur venoit de cet endroit, et non pas du Carmel, puisqu'on les appelloit frères Barres, dans le quartier saint Paul; quoi qu'il en soit, les Carmes qui se faisoient appeller *les freres de la Vierge Marie*, malgré leur prétention à l'antiquité, ne furent connus qu'en 1216, peu après que le Pape *Honoré III* eut approuvé leur institut : on connoit la confrairie du scapulaire, dont Simon Stok étoit l'inventeur, ou plutôt l'imposteur, en publiant que la Vierge Marie lui étoit apparue, et lui avoit promis de grandes indulgences pour ceux qui porteroient l'habit de cet ordre ; cet habit, appellé scapulaire, servoit aux moines, pour le travail des mains, et fut depuis tellement réduit, que ce n'étoit plus qu'une petite piece d'étoffe brune ou blanche, que les dévots portoient sur la chair nue, au moyen de deux cordons, à peu près comme le Taled des Juifs. Leur fête principale étoit le 16 juillet, et étoit appellée Notre-Dame du Mont-Carmel. A les en croire , le Prophête Elie connoissoit par inspiration la Vierge Marie , et avoit institué un Ordre en son honneur. Ces rêveries et les pieuses momeries qui en furent la suite dans des temps d'ignorance , attirerent aux Carmes des libéralités et des présens , qui les mirent bientôt en état de faire des acquisitions considérables. Jeanne d'Evreux leur donna sa ceinture , sa couronne d'or garnie de pierreries, et quinze cens florins d'or et la fleur-de-lys d'or de son couronnement. De la vente de ces bijoux , ils furent bientôt en état de bâtir une église plus grande que la premiere ; elle fut dédiée , le 26 Mars 1353 , par Guy de Boulogne , Cardinal et Archevêque de Lyon , en présence de la Reine , qui fit présent d'une figure d'argent de la sainte Vierge. Ces Religieux acquirent , en 1384, le College de Dace , voisin de leur maison , malgré les oppositions de l'Université.

Une antiquité remarquable chez les Carmes , est le bénitier au dehors , à la porte de l'église , du côté de la rue de la Montagne; c'étoit autrefois la véritable place des bénitiers , et non pas dans l'église comme aujourd'hui. Cette porte est la plus ancienne et bâtie du temps de l'ancienne chapelle de la Vierge, qui existoit avant l'établissement des Carmes dans cet endroit qu'on appelloit *Notre-Dame du Charme*, d'où est venu le mot Carme. Je ne parlerai pas du Maître-Autel, qui est du plus mauvais goût, pour m'arrêter au tombeau de Louis Chauvelin, Maître des Requêtes et Avocat Général du Roi, mort le 2 août 1715, âgé de 33 ans, Jurisconsulte célebre et un des plus grands sujets qui ait paru dans la Magistrature.

Le Cloître étoit autrefois recommandable par ses peintures, les plus anciennes des Couvents de Paris; on y voyoit la vie des Prophêtes Elie et Elisée, et l'Histoire de leur Ordre, avec des vers françois en vieilles rimes du temps : on ne peut plus rien distinguer de ces peintures, qui sont effacées. Ce Cloître, très-vaste et entouré d'arcades gothiques, est remarquable par une chaire de prédicateur; elle est de pierre, ainsi que l'escalier et l'abatvoix, relevée de douze pieds; elle est adossée à l'une des arcades en dedans du jardin; c'est dans cette chaire qu'*Albert le grand*, Saint *Bonaventure*, Saint *Thomas d'Aquin*, et quel-

ques-autres Docteurs , ont donné leurs leçons aux auditeurs , qui remplissoient l'espace , dont a fait depuis un jardin. C'est
dans ce Cloître qu'est inhumé *Gilles Corrozet* , Libraire et Historien ; il est auteur
de la Fleur des Antiquités de Paris , du Catalogue des villes des Gaules , du Parnasse
des Poëtes françois et d'autres ouvrages ; il
est le plus ancien des descripteurs de Paris.
On lit son épitaphe en lettres gothiques ,
en ces termes :

> L'an mil cinq cens soixante-huit ,
> A six heures avant minuit ,
> Le quatrième juillet
> Décéda *Gilles Corrozet* ,
> Agé de cinquante-huit ans ,
> Qui Libraire fut en son temps :
> Son corps repose en ce lieu cy ,
> A l'ame *Dieu* fasse mercy.

La bibliotheque de ce Couvent étoit peu
de chose ; il y avoit autrefois d'anciens manuscrits , sur-tout un des *OEuvres de Saint
Augustin* , qui avoit 800 ans d'antiquités ;
ils le céderent au Roi pour six minots de
sel par an , et M. Colbert eut leur Bible de
Mayence de l'an 1462.

Les Carmes ont quitté leur Couvent depuis la révolution , et se sont réunis aux Carmes déchaussés du Luxembourg. Leur maison est maintenant occupée , au moins en partie , par les Augustins réunis des trois maisons qu'ils avoient à Paris.

L E S   C O R D E L I E R S.

Ce nom leur a été donné à cause de la corde qui leur servoit de ceinture ; elle étoit grossiere dans l'origine, mais depuis, sa propreté , sa blancheur, annonçoient assez qu'elle n'étoit plus pour ces Religieux un instrument de pénitence.

On connoît leur institeur *François d'Assise* , qui fut nommé *Jean* sur les fonds de baptême.

Le surnom de *Francicus* , et non pas *Franciscus* (1), ne lui a été donné qu'à cause de sa facilité à apprendre la langue françoise qu'il parloit aisément et parfaitement. Son pere , *Pierre Bernardon* , étoit un riche marchand d'*Assise* , qui avoit beaucoup de correspondance en France.

______

(1) Le mot latin *Franciscus* a été forgé par les écrivains de la basse latinité.

(241)

Les premieres années de la jeunesse de *Francicus* furent employées au commerce ; mais la vie errante et vagabonde ayant plus d'attraits pour lui , il renonça à tous les avantages temporels pour se consacrer tout entier à la pauvreté évangélique ; il trouva des imitateurs , et le nombre de fainéans qui se joignirent à lui , donnerent lieu à l'institution d'un ordre religieux sous le titre de Freres Mineurs , approuvé par l'Evêque d'Assise.

Le Pape *Innocent III* approuva et confirma la regle en 1210 ; elle s'étendit en peu de temps dans toute l'Italie , et de-là dans les royaumes voisins.

La France sur-tout étoit l'objet des vœux de *François* ; il avoit toujours desiré de venir à Paris ; il fut obligé d'y envoyer quelques-uns de ses disciples , à la tête desquels étoit le P. *Ange de Pise*.

En 1230 , au mois de mai , l'Evêque de Paris leur ayant permis de s'établir dans cette ville , ils obtinrent d'*Eudes* , Abbé de saint Germain-des-Prés , et des Religieux , à titre de prêt , un terrein près *la porte Gibard* , situé sur la paroisse de saint Côme. Ces nouveaux hôtes s'établirent comme ils

purent, à la faveur de quelques aumônes,
sans église, sans autels, ni cloches, ni
cimetieres, qui ne leur furent accordés
que dix ans après, c'est-à-dire en 1240,
que *Saint Louis* fit bâtir leur église avec
une partie de l'amende de dix mille livres
d'*Enguerrand de Coucy*, qui avoit fait
pendre, sans forme de procès, trois jeunes
gentilshommes qui avoient chassé sur ses
terres.

Cette église ne fut achevée qu'en 1263,
et dédiée sous le titre de sainte Marie Mag-
dalene; elle subsista jusqu'en 1580, qu'elle
fut brûlée par la négligence d'un Religieux,
qui ayant attaché une bougie au lambris de
la chapelle de Saint Antoine de Padoue,
le feu prit, embrasa toute l'église, fondit
les cloches, et se communiqua au chœur,
à la nef, aux chapelles, qui furent réduits
en cendres; une partie du cloître et la plupart des tombeaux furent détruits.

Le Roi *Henri III* ayant donné une somme
considérable pour rebâtir le chœur, fit contribuer les Chevaliers de l'Ordre du Saint
Esprit. Cet ouvrage fini, en 1582, ainsi que
le grand Autel ; *Christophe de Thou* fit
rebâtir la nef et les bas côtés, qui furent

réparés ; *Jacques-Auguste de Thou* son fils, contribua à cette dépense.

Cette église est une des plus grandes de Paris ; elle a trois cent vingt pieds de longueur sur plus de quatre-vingt dix de largeur. Le buffet d'orgues est un des plus complets et un des meilleurs est toujours touché par les plus habiles Artistes. Le célebre Marchand et le fameux Daquin étoient organistes des Cordeliers. L'église contenoit à peine la foule des spectateurs et des connoisseurs qui venoient admirer le goût, le brillant du jeu, et l'harmonie de ces deux grands hommes.

Il y avoit dans cette église deux célebres confrairies, l'une du tiers-ordre de saint François, et l'autre du saint Sépulcre ; le tiers-ordre a été institué pour les personnes du siecle ; suivant la regle de Saint François, c'est ce qu'on appelle le tiers-ordre ; leur chapelle, vaste et bien ornée, étoit au bas de l'église, du côté du cloître.

Quant à ce qui concerne la confrairie du Saint Sépulcre, ou des Pélerins de Jerusalem, appellés palmiers, à cause des palmes qu'ils portoient à la main, elle doit son origine à quelques bourgeois de Paris qui

avoient fait le voyage de la Terre Sainte.
Saint Louis, toujours amateur de nouveautés et de singularités de ce genre, voulut
y être aggrégé ; quelques Seigneurs de sa
cour, à son exemple, demandèrent à y être
admis ; voilà ce qui a donné lieu de croire
que le Saint Roi en étoit l'instituteur, ce
qui est faux.

Cette confrairie a eu des statuts et des re-
glemens qui ont été confirmés par le Pape
Eugène IV. en 1435, elle faisoit chanter dans
sa chapelle tous les dimanches et fêtes une
grande messe avec eau bénite, prône, pain
béni et offrande. Depuis long-tems ces prétendus chevaliers n'alloient plus à Jérusalem,
et leurs voyages se bornoient à celui du St.
Sépulcre rue St. Denis, où ils se rendoient
processionellement chaque année le dimanche de Quasimodo, procédés d'une musique
bruyante et militaire, suivis des religieux
cordeliers, et y faisoient station. Fiers de la
palme et de leurs médailles, ils traversoient
une partie de Paris le cierge à la main ; au
retour de cette procession, on chantoit une
messe solemnelle en grec dans leur chapelle, extraordinairement parée, et la fête se
terminoit par un repas où le morceau d'hon-

neur n'étoit pas oublié ; c'est-à-dire, la piece
de résistance appellée *Aloyau* (sobriquet qu
étoit resté à la confrairie) ; ce morceau étoit
servi aux pieux chevaliers avec autant de dignité qu'autrefois on servoit à la table de
nos rois et des seigneurs *le Noble Paon* (1)
avec ses plumes et ses pieds dorés , dans leur
Tinel ou cour plénière.

Il est vrai que la révolution a supprimé ces
momeries , la confrairie est abolie , ou doit
l'être ; ce qui sera bien affligeant pour des
chevaliers de nouvelle date , mais *l'aloyau*
leur reste , ce qui les console.

On connoît la fête de Portioncule , c'est-
à-dire d'une petite chapelle abandonnée , où
S. François vit Jesus-Christ et la Ste. Vierge,
lui portant la parole , et lui accordant des
indulgences pour les pécheurs qui visite-

------

[1] *Favin* , Théâtre d'honneur et de Chevalerie ,
livre III , page 571 , parle d'un magnifique festin donné
à Tours en 1458 , aux noces de *Gaston* de Navarre et
de Madeleine de France , fille de *Charles VII*. Le
banquet étoit composé de cinq services et de sept entremets ; et on y apporta dans un grand navire un *paon
vif*, qui avoit à son col les armes de la Reine de France,
etc. On peut lire la description curieuse de cette fête et
des *entremets* qui , à cette table , parurent *un paradis
terrestre*. Ce sont les termes de l'Auteur.

roient à pare 1jour cette chapelle. L'indul-
gence s'étoit étendue sur toutes les églises de
l'ordre séraphique.

On conservoit aux Cordeliers des reliques
de saint *Bonaventure*, Cardinal et Cordelier lui-même, qui avoit fait ses études à
Paris, et vécu dans cette maison.

Les stales du chœur pouvoient contenir
300 religieux. Ils étoient au nombre de 600
au chapitre général qui se tint dans cette
maison, au mois de mai 1579. Il s'y trouva
1200 religieux de cet ordre qui élurent
pour leur général *Scipion de Gonzague*,
de l'illustre famille de ce nom. Pour sub-
venir à leur subsistance, pendant le temps
du chapitre, le Roi donna 10000 liv.,
et le Duc d'Anjou 4000 liv. Tous les chapitres, les colléges, les communautés et
les habitans aisés contribuerent de leurs
aumônes à nourrir des moines étrangers
et inutiles, au lieu de secourir les pauvres de Paris qui mouroient de faim.

C'est ce même Scipion de Gonzague,
qui pour se venger des Cordeliers de Paris,
qui avoient élu un gardien à leur volonté,
manda de la part du Nonce, à l'abbaye de
saint Germain, les religieux les plus ac-

crédités , et leur fit donner cruellement la discipline en sa présence. Cette exécution qui se fit le 20 mars 1382 , occasionna des plaintes au Parlement , qui à ce sujet commença des poursuites , qui ne furent interrompues que par le crédit du Pape et de la Reine mere , qui favorisoient le général·

C'est à l'occasion de ces pauvres flagellés qu'on répandit , dans ce temps là , une piece en vers , qui finissoient par ceux-ci :

Ut meritò post haec mutato nomine prisco
Cordigeros dicat Gallia lorigeros.

On se propose de faire du chœur des Cordeliers la succursale de saint André , en abattant la nef qui masque l'école de chirurgie.

Le Couvent des Récollets.

Ce n'étoit pas assez que le desir de rappeller l'austérité primitive de la regle de saint François d'Assise , eut fait naître les Capucins , et les religieux du Tiers-Ordre , surnommés Picpuces ; il nous falloit encore une autre branche de cet arbre , dont les racines s'étoient étendues sur toutes les parties du globe , et le catholicisme

avoit besoin de Récolets, c'est-à-dire, Ra-
massés, *Recollecti*. Leur origine d'Espagne est
un préjugé peu favorable pour eux on connoît
l'enthousiasme et l'amour des Espagnols pour
toutes les nouveautés. Un Jean Guada-
loupa, Cordelier de l'étroite observance, ima-
gina cette réforme en 1496 ; mais elle ne
fut reçue en France qu'en 1582 , sous le
généralat de François de Gonzague , qui
donna des statuts aux Cordeliers qui vou-
loient se réformer. Un autre Général de
l'Observance leur assigna des couvents pour
leur réforme ; ils voulurent s'établir à
Paris ; mais les guerres qui agitoient
le royaume les en empêcherent , et ce ne
fut que vers l'an 1600 , qu'il y eut des
Récollets des couvents de Montargis et de
Nevers au fauxbourg saint Martin , où un
Jacques Cottard , marchand tapissier , et
Anne Josselin sa femme , leur donnerent
en 1600 une grande maison , cour et jardin,
qu'ils avoient dans ce quartier. Henri IV
y joignit une grande piece de terre qui
étoit contigue à leur jardin , en 1605 , avec
une ligne et demie d'eau de la ville ; et
Marie de Médicis, qui s'étoit déclarée la
fondatrice de cette maison , posa la pre-

miere pierre de leur église, qui fut dédiée le 3o août 1614 par Eléonor d'Estampes, archevêque d'Auch.

Une fois fixés dans un des plus grands fauxbourgs de Paris, les Récollets mirent tout ce quartier à contribution. Religieux mendiants, ils s'acquitterent au mieux du précepte de l'Evangile; qui au fond n'est que de conseil simple. Monsieur de Bullion, Surintendant des Finances, et M. Seguier, Chancelier de France, contribuerent, par leur libéralité, à l'étendue et à l'aggrandissement de cette maison; le cloître, le dortoir, et les autres lieux réguliers, furent rendus plus spacieux et plus solides. Qui croiroit que ces religieux pauvres, ayent eu une bibliotheque nombreuse et composée de fort bons livres? le P. Jean Damascene, Lebret et le P. Lautier, son successeur, ne laisserent rien à désirer sur cet objet; leurs soins, leur zèle et leurs démarches, procurerent à la maison des Récollets une collection dans laquelle il doit s'être trouvé de fort bons livres, si on ne l'a pas dilapidé comme les autres.

Plusieurs personnes d'une haute considération avoient choisi leur sépulture chez ces religieux. Marguerite Galand , femme de N. le Feron , président des enquêtes du parlement , avoit fait bâtir la chapelle de Sainte Marguerite , elle y fut inhumée en 1702. Depuis , Marie - Louise de Taval , épouse du maréchal duc de Roquelaure , ainsi que son époux , Antoine Bas , Jean Baptiste de Roquelaure , la première le 12 mars 1735 , et le second le 9 mai 1736. Guichard Faure, baron de Thisy, sous Charles IX , Henri III et Henri IV , et Magdelaine Brulart son épouse sont inhumés dans un caveau sous le maître autel ; ils sont qualifiés de fondateurs de ce couvent , et bienfaiteurs de l'ordre. Le Baron de Thisi mourut le 20 mars 1623 , et son épouse le 27 avril 1635. On remarque dans cette église plusieurs tableaux du frère Luc , plus estimable religieux que peintre habile , qui mourut le 17 mai 1685. Cette communauté est réuni aux Récollets de saint Denis , et les bâtimens sont en vente.

LES CAPUCINS.

Ce n'étoit pas assez des Cordeliers , des Récollets , tous de l'ordre de saint François, il falloit encore des Capucins , ainsi nommés de la forme bizarre de leurs capuces pointus ; ils étoient distingués par leur habit , leurs barbes , leurs sandales , leurs cordons , et sur-tout par une certaine odeur qui les faisoit reconnoître sans les voir ; leur église , leurs cellules en étoient imprégnés.

Le plus illustre de ces religieux , est sans contredit le P. Ange de Joyeuse , auparavant Duc , Pair et Maréchal de France ; mais on ne doit pas oublier le célèbre P. Joseph Leclerc , devenu Cardinal et ministre du ministre Richelieu , son confident , et son agent principal. Le P. Ange de Joyeuse mourut en 1658, et le P. Leclerc en 1638. Le P. Athanase Molé , et le P. Jean-Baptiste Brulart , et le P. de Marillac , ont été des célèbres ; l'amour de la singularité étoit alors bien en vogue pour avoir engagé des hommes de la plus grande réputation à entrer dans un ordre plus mortifiant que mortifié. La vie de ces religieux errants et vagabonds , toujours active , leur avoit procuré des protecteurs puissants. On peut juger de la magnificence de nos rois par le don du terrein immense que ces religieux possédoient dans le quartier le plus cher de tout Paris. Il est vrai qu'alors ,

ce quartier n'étoit qu'un fauxbourg ; mais
le voisinage des Tuileries le rendit bientôt précieux, et les Capucins obtinrent une
clef d'une porte de leur jardin qui donnoit
sur la terrasse des Feuillants. Ces religieux
ont été forcés de quitter cette maison toute
occupée aujourd'hui par les bureaux de l'assemblée nationale. Leur potager étoit le plus
curieux de Paris et le plus recherché dans
toutes ses productions.

Leur église a été choisie pour y ramasser
tous les livres épars des bibliotheques d s
maisons supprimées, et cette opération a été
plus dispendieuse que le produit n'en sera
utile, excepté aux intéressés de la bsogne.

LE COUVENT DES FEUILLANTS,

Rue Saint Honoré.

Ces religieux sont une réforme de Bernardins, comme ceux-ci le sont des Bénédictins;
enfin de réforme en réforme, on a fini par
tout réformer On peut regarder cette opération comme un des bienfaits de l'assemblée
nationale.

Les Feuillants tirent leur nom de l'Abbaye
de Feuillans dans le diocese de Rieux, Jean

de la Barrière, qui en étoit abbé, fut l'auteur de cette réforme portée si loin par l'austérité de la regle, qu'on fut obligé de la mitiger après sa mort. Le Roi Henri III les établit à Paris dans un terrein proche le jardin des Tuileries, où ils ont fait élever depuis une Église assez propre et des bâtiments somptueux et magnifiques, cette maison étoit trop belle pour des reformés. Cette congrégation a donné de grands hommes : les Feuillans marchoient nuds pieds avec des socques, ils n'étoient chaussés qu'en allant à la campagne de-là étoit venu le proverbe, *va te promener, tu auras des chaussés*. Ce ne fut qu'en 1715 que le chapitre général tenu à saint Mesmin près d'Orléans, arrêta que pour se conformer aux religieux qui suivent la regle de Saint Benoist, les Feuillants seroient toujours chaussés. Leur Eglise étoit remplie de sépultures dans les chapelles ; la plus somptueuse étoit celle de la famille *Rostaing*. Les Feuillants avoient rue d'Enfer près la place Saint Michel un petit hospice qui servoit de retraite aux vieillards du couvent de la rue Saint Honoré ; il avoit d'abord été destiné à servir de noviciat, son établissement est de 1633. Leur Eglise étoit sous le

vocable des Saints Anges gardiens et n'avoit
rien de remarquable que le nom du fondateur *Pierre Séguier*, alors garde des sceaux
de France, et Antoine de Barillon, conseiller d'état, et Louis de Roche Chouart, comte
du Maine, qui furent des principaux bienfaiteurs de cette maison.

LES JACOBINS.

On ne peut parler de ces Religieux, sans
se rappeller l'intolérance, le fanatisme, et
l'inquisition.

Au seul nom de Jacobin (*a*), tout à la fois
se présentent à l'imagination, la stupide
Epagne courbée sous le joug du Rosaire ; le
Mexique ravagé, en feu, ses paisibles habitans égorgés, la France enfin gémissante
sur les troubles de la ligue terminée par

____

[1] Il ne faut pas confondre sous le nom de Jacobins
tous ceux qui sont connus sous cette dénomination ;
les uns sont des Religieux, les autres sont des Laïcs ;
mais il semble que l'esprit de parti, d'intolérance et
de fanatisme forme le caractere de tout ce qui porte
le nom de *Jacobins* ; j'en excepte quelques sages de
ces derniers, dont le patriotisme est pur, mais le nombre est petit, *multivocati, pauci verò electi.*

des scènes d'horreur, par l'assassinat d'un de nos Rois. Je ne parle point du célèbre Gusman leur instituteur, dont les statuts ont été écrits avec une plume trempée dans le sang des Albigeois ; encore moins de ses croisades pour persécuter les restes de cette secte plus malheureuse que coupable ; de ce Dominique dont les lâches panégiristes ne rougissoient pas dans la chaire de vérité, de vanter les actions ; d'un homme enfin qu'ils mettoient au rang des patriarches et des plus grands législateurs : condamné au tribunal de la raison et de l'humanité, son nom est dans la liste des saints : ses statues ont été placées dans nos temples, et son ordre a subsisté jusqu'à nos jours !

C'est encore à Saint Louis, qu'on est en quelque sorte redevable de cette nouvelle recrue. Ce pieux Roi ne croyoit gagner le ciel qu'en peuplant son royaume de moines ou de religieux mendians, et en les accablant de bienfaits, exemple suivi par les Rois ses sucesseurs.

Dominique Gusman ayant institué l'ordre des freres prêcheurs à Toulouse, envoya 7 de ses religieux à Paris semer sa doctrine ; ils

y arriverent sur la fin de 1217. Le P. Mathieu
en étoit le supérieur ; ils logerent d'abord
dans une maison près l'hôtel-dieu , mais la
réputation de sainteté qu'ils s'étoient acquis
ayant déterminé Jean Baratre, doyen de saint
Quentin , il leur céda la chapelle de saint
Jacques , dont il étoit titulaire , et y joignit une maison contigue , qu'il avoit fait
bâtir pour des pélerins. Le P. Mathieu prit
possession de tous ces biens , le 6 août 1218
et deux ans après , on comptoit trente religieux presque tous sortis de l'université.
Cette chapelle de saint Jacques , qui avoit
donné le nom à la rue , le donna ensuite
aux freres prêcheurs , qui depuis furent appellés Jacobins. Ils n'eurent d'abord point
de permission pour chanter l'office dans leur
chapelle ; mais en 1221 , le chapitre de
N. D. leur accorda cette permission , ainsi
qu'un cimetierre , sous des clauses parti
culieres. Saint Louis leur fit bâtir une
église et un couvent , dans l'endroit où étoit
le conseil de la ville , appellé *le parloüer ou
le parloir aux bourgeois* , sur les ruines du
chateau des seigneurs de Haute-Feuille , situé sur les murs et les fossés de la ville. Cette
église étoit fort grande , mais irréguliere ,

partagée

partagée par un rang de colonnes qui n'embellissoient pas l'édifice. Dix mille livres parisis, prises sur les biens d'Enguerrand de Coucy, furent données par saint Louis, qui ne se lassoit pas de faire du bien à ce couvent. En 1263, il y ajouta deux maisons et un hôpital, qui avoient appartenus à Robert Sorbon.

L'enceinte du couvent renferme un assez grand terrain; mais les bâtimens en sont gothiques et sans symétrie. Il y a dans cette église plusieurs tombeaux de Rois, Reines, Princes, Princesses de la maison de France, Valois, Evreux et de Bourbon. Humbert de la Tour du Pin, onzieme du nom, prince souverain du Dauphiné, après avoir cédé ses états à Philippe Roi de France, en 1350, et pri l'habit de frere prêcheur, mourut à Clermont en Auvergne, en 1355, et fut inhumé à Paris au milieu du chœur.

Cette maison a compté des savans, Nicolas Coeffeteau, en 1588, le premier des écrivains, pur et poli dans notre langue, dont le P. Echard disoit, en parlant de lui : *linguae Gallicae purioris parens vulgò dicitur.* Coeffeteau mourut à Paris le 21 avril 1623, âgé de 49 ans, et fut inhumé dans la

R

chapelle de saint Thomas. Le P. Noel Alexandre, grand Théologien et illustre dans l'ordre de saint Dominique, étoit consulté de toutes parts : il étoit très-savant. En parlant de ses ouvrages, Gravina, archevêque de Benevant et depuis Pape sous le nom de Benoist XIII, lui ayant annoncé le renversement de son palais, et la ruine de sa bibliotheque occasionnés par un tremblement de terre en 1688, ajoute, qu'ayant recouvré ses ouvrages, ils lui tiennent lieu d'une bibliotheque entiere. Le P. Alexandre mourut en 1724, et fut inhumé dans la même chapelle.

Thomas d'Aquin, surnommé l'ange de l'école, si connu par la somme, *summa*, disciple d'Albert le grand, ensuite maître de l'école de Théologie de Paris, étant mort à Toulouse en 1294, où il est inhumé ; un de ses bras ayant été envoyé au couvent de saint Jacques, fut renfermé dans un magnifique reliquaire, et exposé depuis à la vénération des fidèles : il est aujourd'hui à la nouvelle paroisse de son nom au fauxbourg saint Germain.

Saint Louis fut le premier de nos Rois qui prit des confesseurs dans l'ordre de saint Dominique, en quoi il fut imité par ses successeurs, jusqu'à Henri II.

On doit rendre justice à ces Religieux, et à leur désintéressement ; pendant plus de trois cent ans qu'ils ont été confesseurs de nos rois, ils ont négligé de se procurer un couvent, où la magnificence royale se fit remarquer ; on peut en juger par la simplicité de leur maison de saint Jacques.

Cet ordre au reste a produit de grands hommes, et a été un des plus célebres de l'église, à qui il a donné quatre Papes et 58 Cardinaux ; et on a toujours fait une grande différence des Freres prêcheurs établis en France avec ceux d'Espagne. C'est de ces derniers dont j'ai voulu donner une esquisse en commençant cet article. Les 3 maisons de cet ordre à Paris sont supprimées et réunies en une seule.

LES MINIMES DE LA PLACE ROYALE.

C'est à un Roi foible, superstitieux, cruel et farouche tout-à-la-fois qu'on est redevable de l'établissement des Minimes en France. Louis XI, ce monstre royal dont les forfaits font frémir l'histoire, succomboit sous le poids des vengeances célestes qui s'étoient appésanties sur sa tête coupable, livré aux remords, abandonné du ciel et de la terre, il entend parler d'un saint homme hermite au fond de la Calabre, il veut le voir ; il se flatte de l'espoir d'une guérison prompte, par le secours de ses prieres ; il le mande, et François de Paule arrive au château de Plessis-les-Tours ; le Roi se jette à ses pieds, le conjure de lui rendre la santé ; mais le saint Religieux ne lui parle que de la guérison de l'ame, de la volonté et des miséricordes infinies de Dieu pour celle du corps, et Louis, emmailloté de reliquaires, invoquant tous les saints du Paradis, meurt au Plessis-les-Tours le 28 Avril 1482.

La mort du Roi donna la vie à l'Ordre des Minimes. Cet Ordre, encore au berceau sorti des bois de la Calabre, se trouva logé dans le Palais des Rois. Charles VIII, qui honoroit les Minimes de sa protection et de son estime, fit bâtir un Couvent dans l'enceinte du Château du Plessis-les-Tours, où François de Paule mourut le 2 avril 1507. Dès le vivant du saint Instituteur les bons hommes formerent un deuxieme établissement à Nigeon, à l'extrémité de Chaillot, en 1493, et ils remplacerent au bois de

Vincennes les Religieux de Grammont sous Henri III, en 1585.

Le nom de Bons-Hommes avoit été donné à ces religieux par Louis XI, ou plutôt parce qu'on étoit dans l'usage de donner ce nom à tous les hermites. Quant à celui de Minimes, François de Paule, dont l'humilité étoit profonde, ayant voulu renchérir sur le nom de Mineurs donné aux disciples de François d'Assise, semble par ce rafinement avoir voulu mettre le *nec plus ultrà* au monachisme. M. Jaillot s'est trompé lorsqu'il avance, tome III de ses Recherches sur Paris, que François Martorelle institua dans la Calabre les Hermites de S. François d'Assise. Il eut été alors fort inutile de donner aux Minimes une regle particuliere par une Bulle de Sixte IV, du 23 mai 1474. Cet Ordre, confirmé par le Pape Alexandre VI, l'a été sous la dénomination de Minimes, de Freres Hermites de François de Paule, et non pas d'Assise; d'ailleurs les Minimes, c'est-à-dire les plus petits des hommes par leur institut, étoient obligés à la vie quadragésimale, c'est-à-dire à un Carême perpétuel. Ils ne mangeoient pas de beurre, parce que la Calabre

où les oliviers sont abondans , ne connoît
que l'usage de l'huile , et que le beurre y est
très-rare ; transplantés en France , ces bons
hommes ont suivi l'usage de leur pays , et ce
qui paroissoit abstinence n'étoit qu'un usage
particulier , qu'ils ont perpétué dans les
maisons de leur ordre. De-là le proverbe
de lampes à l'huile, donné aux Minimes.
D'ailleurs ces Religieux avoient un costume
différent des disciples de François d'Assise ;
la cucule ou scapulaire étoit le tablier des
ouvriers de la Calabre , pour conserver le
vêtement toujours dans sa propreté ; les
Franciscains ne l'ont pas ; ceux-ci portoient
une corde pour ceinture ; ceux-là une ceinture de cuir fixée par une boucle. La regle
de François d'Assise défendoit qu'on eut
rien en propre , et celle de François de
Paule en déterminoit l'usage. Il suffit de
connoître leurs possessions par les terreins
qu'ils occupoient à Passy , au palais des
Tournelles et au bois de Vincennes , et dans
toutes les maisons qu'ils avoient en France.
On peut juger des Minimes par le portrait
ci-joint , que je ne crois pas déplacé en
parlant de cet ordre , qui du sein de l'humilité et de la pauvreté est parvenu au comble
des honneurs et des richesses.

Sur-tout n'oublions pas l'hermite Calabrois ,
Qui du fond des déserts vint à la cour des Rois ;
Nouvel instituteur d'une sainte milice ,
François veut que ses fils endossent le cilice ,
N'usent-jamais de beurre , un carême éternel ,
Point d'œufs ni de poissons, des légumes sans sel ,
C'est ainsi qu'au Plessis vécut l'anachorette ;
Au foible Louis XI il parle , mais en prophête ,
Il l'exhorte à la mort , il l'invite à souffrir ,
Et lui promet le ciel pour prix d'un repentir.
Que les temps sont changés ! O comble de disgraces !
Les bons hommes ses fils ne suivent plus ses traces ;
Les Minimes heureux ne sont plus des reclus ,
Ils jouissent en paix d'immenses revenus ,
Leurs maisons ne sont plus d'ennuyeuses cellules ,
Ils y font bonne chere et vivent sans scrupule ,
Les vins les plus exquis savourent leur palais ,
Et chez eux les plaisirs ne les quittent jamais.

Les Minimes qui avoient acquis une partie du terrein du jardin des Tournelles , par le don que leur avoit fait de ses biens Olivier Chaillou , Chanoine de Notre-Dame , et descendant d'une sœur de saint François de Paule , se contenterent d'abord de quelques bâtimens construits à la hâte , et d'une petite chapelle où la messe fut célébrée pour la premiere fois le 25 mars 1610.

Mais Marie de Médicis s'étant déclarée

fondatrice de ce couvent, elle fit rembour-
ser aux Minimes la somme qu'ils avoient
payé pour leur acquisition et poser la
premiere pierre de leur église par le Cardinal Henri de Gondi.

Le Marquis de la Vieuville petit neveu
de saint François de Paule, posa la premiere
pierre du Maitre-Autel, sans doute élevé
à ses frais, car l'inscription le qualifie de
fondateur ; l'église ne fut dédiée que le 29
août 1679, sous l'invocation de saint François de Paule. Les chapelles étoient décorées
avec goût, et méritoient l'attention des
curieux. Le tableau du maître-autel est
une copie de la descente de croix de Daniel et de Voltere. On voit le tombeau de
Mademoiselle d'Angoulême, dans la chapelle de N. D. de Bon-Secours, dont la
figure qui est fort belle, a été faite par
Burel. Les tableaux du réfectoire sont de
la Hire, et leur bibliothéque, qui étoit
très-belle, étoit des mieux fournies. On
peut voir encore le chapitre qui est un des
plus beaux de Paris.

Cet ordre qui a toujours conservé la regle de son institut, a produit plusieurs religieux, dont on ne prononce le nom qu'a-

vec éloge. Parmi ceux qui se sont distingués par leurs vertus, leur mérite et leurs talents, on compte Jean François Niceron, célèbre opticien, Martin Marsenne, grand ami de René Descartes, Hilarion de Coste, le P. Charles Plumier, à qui les botanistes sont redevables de plusieurs découvertes qu'il a fait dans ses voyages ; il est aussi l'auteur de l'art de faire toutes sortes de figures au Tour, en latin et en françois, ouvrage estimé des méchaniciens savants.

Le P. Gaspard Dinete, Evêque de Mâcon en 1600, René le Clerc évêque de Glandever en 1651. Louis d'Attichi de Marillac ; neveu de l'infortuné Maréchal de Marillac, il fut d'abord évêque de Rietz en 1628, ensuite Evêque d'Autun ; il est auteur d'une histoire générale des Minimes, imprimée à Paris en 1724

On regrette les beaux morceaux de l'église des Minimes, qui sans doute subiront le même sort que ceux de Passy ; même dilapidation, même ignorance ; et l'avarice sordide, le vil intérêt des acquéreurs consommeront la ruine de ces monuments qui honoroient à la fois les artistes et les maisons où ils étoient conservés.

LA VISITATION DE SAINT ANTOINE.

Saint François de Sales, Evêque d'Annecy en Savoye (Geneve) est l'institeur des Religieuses de la Visitation. Le but de cet établissement étoit la visite des malades et le soulagement des pauvres en l'honneur de Dieu et en mémoire de la visite que la Sainte Vierge fit à Elisabeth. Dans l'origine ces filles gardoient la pauvreté, la chasteté et l'obéissance, portoient l'habit séculier, n'étoient point sujettes à la clôture, et n'avoient qu'un vœu simple pour exercer les actes de piété et de charité.

Les congrégations libres ont constaté, par l'expérience, des avantages réels ; Saint François de Sales, les avoit reconnues à peu près dans le même tems, en 1618. Vincent de Paul avoit conçu le même plan : ami intime de Saint François de Sales, ce Saint Prêtre lui fit changer de motifs ; et les constitutions furent approuvées et confirmées par Urbain VIII en 1626.

Madame Jeanne-Françoise Fremiot de Chantal, veuve de Christophe Rabutin, Baron de Chantal, étoit la coopératrice de Saint

François de Sales ; cette dame , au lieu de s'occuper de l'éducation chrétienne de ses enfans, séduite par les prestiges d'une dévotion mal entendue , abandonna sa famille, marcha sur le corps de son fils, couché sur le seuil de la porte de son hôtel , pour être à Annecy la première supérieure de la Visitation. Occupée ensuite à Bourges de l'établissement d'un monastère de sa congrégation, elle vin à Paris en 1619 , le 6 avril , avec trois de ses religieuses ; elles descendirent au Fauxbourg Saint Marcel , et de-là au Fauxbourg Saint Michel , où on leur avoit préparé une maison qu'elles abandonnèrent en 1621 , pour une plus vaste et plus commode , située rues du petit Musc et de la Cerisaye , quartier Saint Antoine , à laquelle elles ajoutèrent l'hôtel de Cossé , contigu à leur jardin , et l'occupèrent en 1628. Le commandeur de Sillery fit commencer leur église , sous la conduite de Mansart , un des plus habiles architecte , surs le modèle de N. D. de la Rotonde à Rome ; la première pierre en avoit été posée le 31 octobre 1632 ; en moins de deux ans cette église fut achevée , et dédiée le 14 septembre 1634. Madame de Chantal peut être regardée comme la fondatrice de la Visitation , on ne peut lui contester ce titre , comme première supérieure de cet ordre , qu'elle avoit formé avec le saint évêque de Genève , cet ordre qu'elle protégea par ses bienfaits , et qu'elle édifia par ses vertus claustrales , qui lui ont mérité les honneurs de l'apothéose religieux en avril 1773. Les religieuses de la visitation ne chantent point, elles récitent tous les jours le petit office de la Sainte Vierge , qu'elles nazillent , et traînent en longueur d'une manière désagréable ;' on auroit pu les astreindre à la récitation du breviaire Parisien en François qu'elles auroient du moins entendu. Aucun tems de l'année , pas même le jour de Pâques , n'est excepté de cette récitation de l'office de la sainte Vierge , ce qui est contre toutes les règles. On peut dire que ces religieuses de la Visitation ne visitant rien , qu'elles sont fort inutiles, et que leurs pratiques puériles et municieuse, ne peuvent former qne de minces sujets pour le monde , que les pensionnaires de la visitation ont presque toutes été de mauvaises mères , d'après l'exemple de Mad. de Chantal, dont ces filles vantent tous les jours le sacrifice généreux et son héroïsme prétendu qui en a fait une marâtre et une mauvaise citoyenne, et voilà des saints qu'on nous propose d'imiter ! Au mois d'octobre 1630 Louis XIII, par des lettres-patentes donna à ces religieuses des marques de bienveillance ; et Louis XIV, par un brevet du 12, juin 1643, leur donna trois places entre la porte saint Antoine, la Bastille et leur monastère, à la charge de faire bâtir des maisons de même symétrie et décoration, ce qu'elles ont effectué et dont elles ont joui jusqu'à présent.

Saint Jacques de l'Hôpital.

L'établissement des hôpitaux dans le 13e. siecle étoit d'autant plus utile que le nombre des pélerins étoit considérable. C'étoit la manie du tems ; il n'étoit pas rare de voir de bons bourgeois, de riches marchands, quitter leur commerce, abandonner leurs familles pour ces sortes de voyages. On ne rencontroit sur les routes que des pélerins priant, chantant, demandant l'aumône, accueillis par-tout, *héberges* pour l'amour de Dieu et de Saint Jacques ; on les reconnoissoit à leurs chapeaux, à la mozette, garnis de coquilles, ayant en main le bourdon, surmonté d'une gourde toujours pleine ; leurs cantiques que le temps nous a conservé, étoient sur des airs qu'accompagnoit une vielle discordante, ou le *rebec*, espèce de violon que racloit le pélerin. Ces pieux imbéciles, semblables aux pélerins de la Mecque, ne croyoient racheter leurs péchés, gagner le ciel, qu'en faisant des voyages de long cours, visitant les tombeaux des saints pour honorer des reliques vraies ou supposées. Après celui de Jerusalem, le pélerinage de Saint Jacques en Galice étoit le plus en vogue. Compostelle, qui est la capitale de cette province d'Espagne, jouit de la prérogative singulière, et de l'honneur de posséder le corps de Saint Jacques le Majeur apôtre, qui est venu dans ce pays, on ne sait par où, ni comment.

Les relations de ces pélerins ne rouloient que sur les miracles opérés au tombeau de Saint Jacques, dont ils rapportoient en France des reliques et des certificats.

Autant les anciens Troubadours étoient spirituels, galants et bons musiciens, autant les pélerins de Saint Jacques étoient ignorans, crapuleux et fanatiques. En 1315, quelques bourgeois de Paris, à leur retour de Compostelle, formèrent le projet de bâtir un Hôpital pour *héberger* les pauvres pélerins passant par Paris. Ils obtinrent aisément cette permission de Louis Hutin, Roi de France, et acquirent en 1317 un terrein vague, près la Porte aux Peintres, rue Saint Denis, au coin de la rue Mauconseil; les fondemens de cet Hôpital étoient à peine jettés, que les confrères s'apperçurent que cette entreprise étoit au-dessus de leurs facultés. L'Officialité de Paris vint à leur secours, et leur accorda en 1319 la permission de quêter dans les quartiers de la ville, ce qui leur produisit des sommes considérables, qui les mirent en état d'achever l'hôpital et la chapelle. Jeanne, reine de France, posa la première pierre de l'église, et on y travailla avec tant de diligence qu'elle fut en état d'être bénie par M. de Marigni, évêque de Beauvais, le 18 mars 1323, qui y célébra la première messe; et le jour de Saint Remi 1327, 1 octobre, le même évêque en fit la dédicace.

Au mois de mai de la même année, la

reine Jeanne, donna une relique de Saint Eustache, et un doigt de Saint Jacques, qui, ayant été déposés à l'Abbaye de Saint Magloire, furent transportés à l'église de l'Hôpital, avec une magnificence qui *étoit chose singulière à voir*, dit le Père Dubreuil, (1) *la rue Saint Denis, étoit semée d'herbe verde*, par-tout le chemin les pélerins firent faire 40 torches toutes semées de coquilles et de bourdon ; la reine Jeanne en avoit fait faire 24 chacune du poids de cinq livres et demie, ceux qui les portoient étoiens vêtus d'une livrée, les reliques étoient sou un grand drap d'or, que soutenoit quatre chevaliers sur M. Hugues de Besançon, évêque de Paris suivi et accompagné de Pierre de Montemer, Evêque d'Auxerre, et de l'abbé de Saint Magloire. A cette procession suivoient Monseigneur Robert comte d'Artois, la comtesse de Suresne, et madame Blanche de Bretagne, *Moult grande solemnité et de procession et de luminaire*. Chaque pélerin à l'Hôpital recevoit *un sol* en sortant ; cette confrairie a subsisté jusqu'à sa réunion à l'ordre de Saint Lazare ; elle étoit composée des administrateurs, et des chapelains de l'église, qui avoient à leur

------

(a) Antiquités de Paris in 4°.

tête le trésorier, huit vicaires, et quatre enfants de chœur ; ces chapelains prirent le titre de chanoines, on ne sait pourquoi.

L'Abbé Goujet, si connu par ses ouvrages littéraires, étoit chanoine de Saint Jacques de l'Hôpital ; cette église sert maintenant *à la paroisse de Saint Sauveur* ; l'Hôpital et les biens qui y étoient réunis ont été entraînés par le torrent des circonstances et sont tombés dans les mains de la nation, qui en fera sans doute un meilleur usage que les pélerins et les confrères de Saint Jacques de Compostelle en Galice.

CHAPELLE DE S. JULIEN DES MENESTRIERS.

Jacques Grare dit Lappe, et Huet (Hugues) dit le Lorrain, étoient des ménéstrels ou Ménestriers, joueurs d'instrumens, qui touchés de compassion pour une femme paralitique, exposée sur la place où est aujourd'hui cette chapelle, formerent le pieux dessein d'y fonder un petit Hôpital pour les pauvres passants ; ils acheterent à cet effet l'emplacement de l'abbesse de Mont-Martre moyennant cent sols de rente, et huit livres

payables dans six ans, l'acte en date du dimanche avant la S. Denis 1330 ; et le lendemain
ils prirent possession et obtinrent la permission d'y faire construire une chapelle, qui fut
dédiée sous les noms de S. Georges, S. Julien
et S. Génés ; cet endroit fut bientôt en état
de servir d'Hôpital , et la pauvre femme paralitique y fut placée la première , et y resta
jusqu'à sa mort. Les Ménestriers de Paris
s'étant joint aux deux fondateurs , formerent une confrairie et engagerent à doter la
chapelle de seize livres de rente par acte du
21 août 1331 pour le service de l'hôpital.
Lappe et Huet placerent un clerc nommé
Jannot Brunel, qu'on pouvoit regarder comme *un maître Jacques* ; il étoit écrivain ou
secrétaire , procureur et gardien de la
maison ; c'étoit lui qui recueilloit les aumônes , alloit quêter en ville , et pour tout
salaire , il étoit logé ; ils lui associerent
bientôt une vieille femme nommée Adéline
de Dammartin, qui faisoit les lits , nourris-
soit les pauvres avec la modique pension de
dix-huit deniers par semaine. En 1331 la
confrairie des Ménestriers fut formée sous
les noms de S. Julien et de S. Génés , et les
letttes furent scellées au Châtelet le 23 no-

vembre de cette année. L'abbesse de Mont-
Martre ayant fait toiser par les experts
du Roi l'emplacement dudit hôpital , il se
trouva qu'il contenoit trente-six toises tant
en longueur qu'en largeur. Ce terrein fut
amorti dans le carême 1332 , suivant des
lettres scellées de ladite abbesse, moyennant
60 francs que les Ménestriers payerent à
l'abbaye de Mont-Martre. Cet amortisse-
ment fut confirmé l'année suivante par
Philippe de Valois. Ils acquirent quelque
temps après une maison contigue à leur
hôpital et qui faisoit le coin de la rue
Pavée qui est aujourd'hui appellée *la cour
des morts* , pour le prix et somme de
douze livres , et dix livres de rente par an.
En 1331 ils obtinrent de l'évêque de Paris,
Guillaume de Chanac , la permission
de faire célébrer le service divin dans
leur chapelle , et chanter , s'ils le ju-
goient à propos, avec cloches , sauf le droit
du curé de S. Méri ; à la charge par
eux d'entretenir un prêtre à qui ils don-
neroient seize livres par an , et dix livres
à MM. de S. Méri. La première grande
messe fut chantée le dimanche avant la
S. Remi 1335. Depuis ce tems-là le

joueurs d'instrumens jurés ont toujours nommé à cette chapelle comme bénéfice ; ce ne fut qu'en 1644 que M. l'archevêque de Paris introduisit les prêtres de la doctrine chrétienne, pour célébrer le service divin dans cette chapelle, qui fut unie à leur congrégation ; et les Ménestriers n'ont conservé que le droit de nommer un chapelain et quelques prérogatives aux fondateurs. Cette chapelle n'avoit rien de remarquable que le portail, qui datoit de la fondation. On y voit les deux Ménestrels avec le costume du tems des fondateurs : depuis plusieurs années les prêtres de la Doctrine avoient abandonné l'église et la maison de S. Julien : elle est fermée, pour subir le sort des autres églises vendues au profit de la nation.

La Chapelle de saint Bon,

Dépendante de Saint - Méry.

On n'a rien de certain sur l'origine de cette chapelle, ni sur le saint titulaire connu sous le nom de *S. Bon.* L'abbé le Bœuf prétend qu'elle a été bâtie sur l'emplacement de celle de Sainte Colombe, vierge martyre de Sens, aux reliques de laquelle S. Eloi avoit ajouté celle d'un *S.* Baldus, pénitent de cette ville ; et que ces reliques ayant été mises en sûreté à l'abbaye de S. Pierre des Fossés, on n'avoit rapporté depuis à l'église voisine de la Cité que celles de S. Bon, qui en étoit le nom : cette assertion ne paroit pas vraisemblable. Comment pourroit-on transporter au bourg des Fossés des reliques de sainte Colombe et de saint Bon, pour les mettre à couvert, tandis que les environs de Paris se réfugioient dans la Cité pour mettre les leurs à couvert du pillage? que d'ailleurs l'abbaye de S. Maur n'étoit pas assez en sûreté pour user de ces précautions? Mais je crois que l'église de saint Bon, ayant toujours été de la dépendance de l'abbaye de S. Eloy, réunie depuis à l'abbaye de saint Maur des Fossés, la chapelle de saint Bon aura été à la nomination de l'abbé et des Evêques de Paris, comme abbés de saint Maur des Fossés, et prieurs de saint Eloy.

Ce saint Bon, en latin *Baldus*, est celui dont le prieuré de saint Eloi faisoit la fête le 29 novembre. C'est le pénitent de Sens, et non pas saint Bon ou Bonnet de

Clermont, à ne consulter que les anciens calendriers et livres ecclésiastiques du prieuré de saint Eloy, conservés dans la bibliothèque des PP. Barnabites. La chapelle que l'on voit aujourd'hui est grossierement bâtie ; il faut y descendre , et la tour qui est au côté méridional du sanctuaire est une des plus anciennes de Paris, et paroît avoir 700 ans. Quelques maisons dans Paris dépendoient de ce bénéfice ; l'église qui n'a jamais servi qu'à quelques confrairies , est maintenant à l'usage de la paroisse S. Méri pour les catéchismes ; on y a fait des réparations depuis quelques années.

CHAPELLE DE LA JUSSIENNE.

L'origine de cette chapelle est fort antérieure à l'établissement des religieux Augustins à Paris , en 1259 : ils acheterent une maison et un jardin qui tenoit à la Couture de l'Evêque dans la rue Montmartre , et se servirent de la chapelle de sainte Marie Egyptienne , qui étoit déjà bâtie ; mais ces religieux se trouvant trop resserrés aban donnerent leur acquisition et la chapelle de sainte Marie Egyptienne , pour se retirer au Chardonnet , et de-là sur les bords de la Seine , au lieu où sont aujourd'hui leur église et leur couvent. Malgré mes recherches je n'ai pu découvrir qui avoit donné lieu à la Chapelle de la Jussienne qui successivement est devenu un titre et succursale de saint Eustache ; on y a fait long-temps l'office ; les Marchands Drapiers y ont eu leur communauté ; ils avoient choisi cette sainte pour leur patrone ; cette chapelle simple dans la structure , n'avoit d'autre singularité que la vie de cette pécheresse et solitaire , représentée sur les vîtres du côté de la rue Montmartre. Dans une on voyoit cette sainte sur les bords du Nil, dans un état de pure nature , s'offrant au batelier pour son passage ; et au bas étoit écrit , en gothique , *comme la sainte offrit son corps au batelier*. Dans une autre elle étoit représentée recevant la communion des mains de Zozime, solitaire ; enfin morte , et un lion qui garde son corps jusqu'à l'arrivée du solitaire , qui lui donne la sépulture sur les bords du fleuve. M. l'abbé le Fevre , du clergé de Saint Eustache , a été le dernier titulaire de la Jussienne ; le procès qu'il a soutenu , son bon droit contre les prétentions de M. le Curé de Saint Eustache , tout cela a succombé sous la révolution de 1789 , et cette chapelle est aujourd'hui un corps-de-garde , pris en partie dans la rue des Vieux-Augustins , partie dans la rue Montmartre. Le nom de *Jussienne* donné à la chapelle ne vient que de l'abus des mots toujours familiers au peuple de Paris ; d'Egyptienne il en a fait *Jussienne* , nom que portoit en 1552 la rue *Coq-Héron* , ensuite *Maqueron* , à cause de la continuation de la rue *des Vieux Augustins* dont celle-ci faisoit partie. *Cenalis* , dans la hiérarchie françoise , appelle cette rue *via Maqueheria* , en françois la rue *Maqueheron* ; comme du temps de Marot on disoit la rue *Coquillart* , et non pas *Coquillere* ; ce Coquillart demeuroit dans cette rue , et portoit pour armes trois coquilles d'or. C'étoit pour lui que Marot fit l'épitaphe suivante :

> La mort est jeu pire qu'aux quilles ,
> Ne qu'aux échecs, ne qu'au quillard ,
> A ce méchant jeu Coquillart
> Perdit sa vie et ses coquilles.

Dans un acte de 1438 cette chapelle est

désignée *Eglise de l'Egyptienne de Blois.*
L'Abbé le Bœuf présume, d'après ce titre,
qu'une femme de Blois se seroit renfermée
par pénitence de s'être mêlée du métier
d'Egyptiens ou Bohémiens ; mais quel rapport a cette femme avec la chapelle de la
Jussienne, et comment de cette chapelle
de l'Egyptienne de Blois un des deux chapelains auroit-il été à la nomination du chapitre de Tours, et l'autre à celle du chapitre de Paris, suivant le Pouillé de 1450,
où il est dit : *Capella sanctae Egiptianae in
parochiâ Sancti Eustachii ubi duo esse
debent Capellae quarum una, capituli Tu-
ronensis et alia Parisiensis.* Dans une ré-
clamation déposée en 1470, dans les
archives de l'Evéché, contre les installa-
tions archidiaconales, on lit cet article
il y a deux *chapelles en la chapelle de
l'Egyptienne que possedent à présent Mes-
sires Josran Niceron et Gérard de Herbay,
qui jamais ne furent installés par l'Archidiacre :* ce qui prouve qu'il y a toujours eu
deux chapelains à la Jussienne, que le nom
de Blois, donné à cette chapelle en 1438,
ne vient point d'une recluse, mais du fondateur, qui peut-être étoit originaire de
Blois.

LA CHAPELLE DE SAINTE AVOYE.

Belleforest et Corozet qui attribuent à saint Louis l'origine et l'établissement des filles de sainte Avoye, sont dans l'erreur.

Cette sainte vierge nommée *Hadviges* ou *Advige*, vivoit vers l'an 1198, et étoit prieure de *Mérée, ordre de Prémontrée.*

On ne sait dans quel temps elle eût à Paris une chapelle sous son invocation, et qui a donné le nom à la rue ; ce qu'il y a de certain, c'est qu'en 1283, Jean Hersant, chevecier de saint Merri, de concert avec une veuve nommée Jacques de Constance firent construire, à frais communs, une maison pour y loger quarante femmes veuves, sous la direction du curé de saint Merri ; dans la suite, on y mit des Beguines, et il y en avoit encore lorsque les religieuses Ursulines furent introduites dans cette maison, suivant le concordat passé le 31 janvier 1622 sous M. de Gondi, cardinal de Retz, évêque de Paris. Les Ursulines de Sainte Avoye reconnoissent toujours le curé de S. Merri pour leur supérieur ; il leur envoye tous les dimanches et fêtes un ecclésiastique pour l'office divin, et elles lui doivent tous les ans, le jour de

S. Merri , un cierge et un écu d'or , qu'elles envoient à l'offrande de la grande messe comme une redevance à MM. les curés de S. Merri , dont un est successeur et descendant de leur fondateur. Cette maison de Sainte Avoye est fort ancienne ; les Ursulines ont fait placer dans le siecle dernier un bas-relief au-dessus de la porte de clôture , il représente Sainte Ursule enveloppant de son manteau une foule inombrable d'individus , avec cette inscription : *o quam pulchra et costa generatio Sancta Ursula.*

POST-SCRIPTUM.

Parmi les abus qui s'étoient glissés dans l'exercice du culte public , il en existoit un avec lequel on s'étoit pour ainsi - dire familiarisé ; je veux parler du *casuel*, dont l'historique formeroit un recueil d'autant plus intéressant que le motif étoit bien respectable ; quoique contraire à la dignité de la religion , le casuel s'étoit formé , propagé , affermi ; un tarif arbitraire en avoit fixé les droits, et ce qui dans l'origine n'étoit qu'un don volontaire , une gratification , étoit devenu un impôt onéreux pour toutes les classes de la société. Il suffisoit d'être chrétien *catholique* pour en supporter le fardeau. Le *casuel* s'emparoit de l'homme à sa naissance , il le suivoit et ne le quittoit pas même après la mort ; exerçant un empire absolu , le néant étoit pour lui quelque chose ; l'orgueil, la vanité , le luxe fournissoient sans cesse de nouveaux alimens à sa cupidité ; l'indigence elle-même couverte de haillons et de lambeaux n'étoit pas à l'abri de la baguette du nouveau Moïse : et ce que le casuel appelloit charité, n'étoit qu'une modification de ses droits.

Il étoit réservé à l'assemblée constituante de supprimer ce monopole, ce trafic honteux, en substiuant un traitement fixe par un mode simple ; ce fruit de la sagese et des lumières de nos législateurs, rendra à la religion sa majesté, et fera cesser les murmures et le scandale.

Le terme casuel est un adjectif tiré du substantif latin *casus*, qui signifie hasard, *occasion* : ainsi quand on dit *casuel*, on sous-entend le mot *revenu*.

Le casuel varioit suivant les lieux, les personnes et les circonstances ; il consistoit dans les *dixmes*, *baise-main*, *baptêmes*, *messes basses*, *mariages*, *obit*, *acquit de fondation et enterremens.*

Les bons d'une cure qui sous l'ancien régime n'étoient pas fixés, étoient compris sous le nom de dixmes, ils étoient rares, parce que les dixmes étoient à la disposition des bénéficiers, des abbayes et des prieurés, qui se réservoient ce qu'on appelle les grosses dixmes.

Le baise-main étoit l'offrande de la messe

paroissiale ; c'est dans ce sens que MM. les curés de Paris, qui la plupart ne jouissoient pas de la dixme , n'avoient que le *baise-main*, expression tirée de la coutume où on étoit autrefois de baiser la main du célébrant à l'offrande ; cet usage , alors commun aux évêques et aux curés , n'existe plus que chez les premiers ; mais au lieu de la main ils ont cru qu'il y avoit plus de dignité à donner leur anneau pastoral à baiser , et les prêtres ont substitué la patene à la main , qui a disparu sans doute par prudence et par des considérations particulieres de propreté.

Le casuel des baptêmes n'étoit pas fixé , la rétribution étoit volontaire, mais on exigeoit le cierge du cathécumène ; le parrain et la marraine étoient obligés de le fournir, et il appartenoit de droit au curé , quoiqu'absent ; l'honoraire étoit partagé entre le prêtre qui administroit le sacrement et celui qui dressoit l'acte ou délivroit l'extrait ; ensuite venoient les suisses , bedeaux *rouges* ; mais on pouvoit juger de la valeur ou de l'exiguité du nméraire à la figure et à la contenance des intéressés receveurs.

La célébration des mariages étoit propor-

tionnée au rang ou à la fortuue des con-
tractans. Une chapelle humide´, froide ,
obscure recevoit souvent les sermens des
nouveaux époux , l'ornement le plus simple couvroit le célébrant , deux cierges
à l'autel , quelques chaises ; l'honoraire
de la messe et de celui qui dressoit l'acte
et en donnoit l'extrait , étoient autant de
frais fort au-dessus des facultés des con-
joints.

Mais ce qu'on appelloit *les beaux mariages* se faisoient au chœur ; il suffisoit
alors de payer pour jouir de cette prérogative réservée aux fils de *marguilliers*
ou à la riche roture. On remarquoit dans
ces occasions que l'autel étoit extraordinairement paré , et garni de cierges et
de chandeliers d'argent;on voyoitdeux pieces
d'or ou d'argent fixés à deux cierges sur
des flambeaux ou gros chandeliers placés
au bas des dégrés de l'autel , un tapis ,
un Prie-Dieu et deux carreaux garnissoient
le sanctuaire , dans lequel on apportoit les
registres pour l'acte du mariage , que si-
gnoient les époux. Mais le curé absent
ou présent avoit l'offrande , c'étoit son
droit , et faisoit partie du *casuel*. Jus_

qu'à quand les actes publics civils de
mariages ou de morts seront-ils confiés
au système ecclésiastico spirituel, et seront-
ils à sa disposition ? et des citoyens hon-
» nêtes exposés aux caprices d'un prêtre
» à gage dont la morgue contraste d'une
» maniere frappante avec la simplicité mo-
» deste qui en demandant l'extrait d'un acte,
» semble solliciter une grace qu'il est obligé
» de payer ; des bureaux dans des pres-
» bitères ou des évêchés, des commis en
» soutane, la tête haute, le regard fier,
» l'air suffisant, répondant ou interrogeant
» par monosyllabes, renvoyant au lende-
» main ce qu'ils peuvent faire dans le
» moment même : ceci n'est point exagéré,
» c'est l'ancien régime avec ses abus, et
» cette inquisition sacerdotale subsiste en-
» core ; je ne parle pas de l'inexactitude
» qui existe dans le service des ecclésiastiques
» préposés à la tenue de ces registres,
» on affecte de choisir les plus jeunes ;
» de-là la négligence dans la copie des
» actes, ces omissions, impossibilité
» d'obtenir dans le moment ce qu'on de-
» mande, joint à cela l'imprudence de
» délivrer ces mêmes actes, sans examiner

ou

» ou questionner les personnes qui les exi-
» gent. Ces abus sont une suite de la
» légereté dont la jeunesse et le peu d'ex-
» périence sont souvent la moindre excuse. »
Cette digression m'a été fournie avec un
plan qui y a rapport par M. *Mauray*,
ancien commis des finances, et fait partie du mémoire qu'il a présenté à l'Assemblée nationale et à la section du jardin des plantes.

Une partie considérable du casuel consiste dans les messes de dévotion, neu-
vaines, obits, annuels : il suffit de consulter les registres des Sacristies de *N. D.*
et de Ste. Genevieve, on y verra que le
tarif des messes basses étoit de 15 sols,
que le prêtre Irlandois ne recevoit que 10
sols, parce que le casuel, qui calcule, l'a-
voit réduit à ce taux modique sous prétexte qu'il devoit supporter les frais de
Sacristie, c'est-à-dire, les deux bouts
de cierge qui brûlent pendant la messe,
l'ornement, le pain et le vin ; mais
les anniversaires et l'acquit des fondations
formoient ce qu'on appelle le *puteus viventium* : l'église Métropolitaine recevoit
pour ces objets par an plus de 50000

écus , y compris les revenus de la grande confrairie de N. D. Quand on y ajouteroit ceux des paroisses de la Cité , ce produit suffiroit et au de-là à l'entretien des officiers de l'église et à celui du culte si négligé dans la Métropole depuis la suppression du chapitre. Les revenus de ces fondations, qu'on n'acquitte plus , devroient retourner à leur source , c'est-à-dire aux familles dont les ancêtres ont épuisé les moyens d'existence, par des libéralités en faveur des églises. Cet emploi seroit beaucoup plus équitable que celui fait par la municipalité et le département , qui ne peuvent ni ne doivent en disposer, d'après le vœu de l'assemblée constituante , et le décret prononcé à ce sujet.

Le champ du casuel est si fertile , que sans le cultiver , on y recueille en tout tems; *le viatique et l'extrême-onction* s'administrent il est vrai gratuitement aux malades ; dans chaque paroisse de Paris il y a un prêtre toujours à demeure pour remplir cette fonction ; précédé d'un clerc , il marche où il est appellé ; mais si le porte-sacrement , qu'on appelle à Paris par un blasphême ou par ignorance, *porte-*

dieu, ne trouve pas sous un des chandeliers placées sur la table , la piece de monnoye , (ce que le clerc vérifie en le soulevant adroitement ; il donne au malade la communion ;) ne lui fait point d'exhortation , et son retour précipité à l'église annonce assez le peu de fruit qu'il a retiré de sa course ; conduite bien différente des ministres de l'église Anglicane , qui , appellés pour l'administration du sacrement , vont chez le malade , consacrent dans sa chambre et communient avec lui, et deux ou trois assitans , sous les deux espèces. La liturgie anglicane ne souffre pas qu'on administre le sacrement de la sainte Cêne sans qu'il y ait quelques personnes disposées en même-tems à le recevoir, et le prêtre ne communie jamais seul ; ce mode est plus simple que celui que propose l'auteur *de l'accord des religions et des cultes chez une nation libre* , qui fait cette question , page 40. *Pourquoi* , dit-il , *le prêtre en habit décent de citoyen ne s'achemineroit-il pas dans un saint recueillement jusqu'à l'endroit où il est mandé , emportant avec lui sur sa poitrine ou autrement ses Mystères sans aucun appareil.*

Pourquoi ? parce que n'ayant aucun signe qui le distingue des autres citoyens,
il seroit à chaque instant exposé aux acci-
dents qui se rencontrent journellement
dans une ville telle que Paris, par exemple,
et que le malade se trouveroit souvent
privé des secours spirituels par des obs-
tacles imprévus. La liturgie anglicane, qui
n'est ni Romaine ni Presbyterienne, se
rapproche plus des vues de l'administration des sacrements, en communiant avec
le malade. Le ministre par-là prouve la charité chrétienne, la vérité de la religion, la
grandeur du sacrement ; il le console,
l'exhorte, et ne l'abandonne qu'après lui
avoir procuré la tranquilité, et cette douce
espérance d'une vie future. Les convois,
les enterremens forment la branche la plus
importante du casuel ; on les distingue
en plusieurs classes, convoi général, convoi de chœur et convoi de charité ; la premiere consiste en 100 ecclésiastiques, ou
revêtus de l'uniforme, grande sonnerie,
tenture, cierges, flambeaux, argenterie,
sépulture dans l'église. La deuxieme a des
modifications qui la distinguent de la premiere
en ce qu'il n'est pas si dispendieux. Le
troisieme qu'on appelle convoi de charité,

forme un contraste frappant avec les premiers ; autant les uns sont magnifiques ou nombreux, autant celui-ci est mesquin et pitoyable. Une croix de bois, deux chantres qui ne chantent pas, un ecclésiastique en étole et en surplis, une bierre d'emprunt, un poële mal propre, couvre souvent les restes d'un père de famille, d'une mère tendre, d'un citoyen vertueux, et qui, portés sur deux bâtons par quatre mercenaires, précédés de deux bouts de flambeaux, vont droit et au galop au cimetiere où se termine la course funèbre appellée de charité, qui n'en a que le nom, puisqu'on paye 10 à 15 francs pour ce triste attirail. M. de Moy, curé de saint Laurent, s'est élevé contre ces abus révoltans ; on ne peut que lui savoir gré de ses efforts à arracher des mains de l'église nos dépouilles mortelles, qui, dit-il, appartiennent à la société dont nous sommes les membres ; il proscrit la sonnerie, les tentures, les cierges qui, allumés en plein jour, sont une folie. Cet usage ne vient que des Catacombes, où pour ensévelir les chrétiens de Rome, on ne pouvoit descendre qu'à la lumière des flambeaux. Sans doute c'est une sainte et salutaire pensée de prier pour les morts , mais l'église qui nous donne ce conseil , ne nous en a pas fait un précepte ; elle ne dit pas qu'il est nécessaire , mais salutaire. Je me rappelle à ce sujet d'avoir vu à la bibliotheque *de l'Abbaye de S. Corneille de Compiegne* un manuscrit du 9e siecle ; c'est un missel in-4°. fort bien conservé , et j'ai lu dans le canon le *memento* des morts conçu en ces termes : *memento etiam domine famulorum famularum que tuorum etc. ac si qui peccatorum meritis , inferni tenebris et suppliciis detinentur, misericordiæ tuæ oramus indulgentiam et clementiam , ut eos ad requiem transire præcipias , et portio eorum sit intra viventium etc.* ; ce qui prouve que pendant plus de mille ans , l'église ne croyoit pas à l'éternité des peines de l'Enfer , qui n'étoit autre chose que ce qu'on a appellé depuis *purgatoire* , qui est de fraîche date et de l'invention des moines des 11 et 12e. siecles ; elle ne dit pas d'allumer des cierges en plein jour pour éclairer les morts qui ne voient plus , de sonner des cloches pour des morts qui n'entendent pas. Les cloches ne doivent servir que pour annoncer les solemnités

de la religion et appeller les fidèles à l'office. Ne seroit-il pas plus à propos **de**
sonner pour un baptême que pour un enterrement ? Ce signe annonceroit la **venue**
d'un nouvel enfant de la patrie, et **seroit**
pour les bons citoyens un motif de joie ;
mais le casuel a tout interverti , jusqu'**au**
pain béni qu'il fait distribuer les **jours**
de fêtes, ce qui est un abus , puis**que**
cette distribution ne doit se faire que **le**
dimanche. Le pain béni est un reste **de**
l'agape ou repas de charité ; dans la primitive église on mangeoit en commun, de-là
le mot *communion* , qui est resté à la sainte
Cêne qui terminoit l'agape ou le repas **de**
charité : mais l'église Romaine , plus sa-
vante que l'église Grecque dont elle **est**
la fille ainée , a supprimé la coupe da**ns**
l'Eucharistie , et en la réservant aux se**uls**
prêtres , elle a donné lieu à la censure d**es**
églises protestantes , qui suivant l'évangile
à la lettre , n'en ont pas altéré l'esprit, **en**
conservant l'ancien usage du sacreme**nt**
sous les deux especes du pain et du **vin**
d'après le précepte formel du divin lé-
gislateur.

Le casuel est donc un abus dans tout**es**
les parties ; il a souffert il est vrai quelqu'al-

tération depuis la révolution, mais il n'en subsiste pas moins ; il résiste à tous les efforts , il blesse l'amour propre , et la charité chrétienne. Il faut cependant rendre justice à quelques ecclésiastiques, qui, loin d'exiger, refusent même l'honoraire qu'on continue de leur offrir ; MM. les vicaires de la Métropole en ont donné l'exemple, ils ont été les premiers à se signaler par leur désintéressement qui justifie bien le choix du Prélat , dont on connoit le zèle et le dévouement à la chose publique.

En effet, les ecclésiastiques salariés par la nation ne doivent plus rien exiger ni recevoir , mais il faut que les départements , de concert avec la municipalité, ôtent tout prétexte de contravention à la loi, par une exactitude à payer les honoraires des fonctionnaires attachés à la Métropole et aux Paroisses ; en faisant cesser le scandale des réclamations, il sera facile d'étouffer les plaintes et les murmures qu'ont occasionné les abus du casuel , remplacé aujourd'hui par un traitement fixe , dans les différentes fonctions attachés aux ministres des autels.

F I N.

Parmi les curiosités de l'église de Paris, on remarque les deux plus belles cloches qui existent en France. On les appelle *Bourdons*, la plus forte pèse 32000, et a été nommée *Emmanuel-Louis*, le 29 avril 1686 par Louis XIV. La moyenne est du poids de 28000, et nommée *Marie-Thérèse* par la reine femme de Louis XIV. Ces deux cloches, chefs-d'œuvres de l'art, forment ensemble ou séparément, une harmonie majestueuse ; leur son grave est le signal des plus grandes solemnités, il inspire une terreur religieuse. Qui croiroit qu'un énergumène a proposé dans une assemblée de la commune, la descente et la fonte de ces magnifiques morceaux ? il n'avoit pas calculé la honte ni la dépense qui rejailliroit d'une pareille opération ; heureusement que la municipalité, toujours sage, a éludé cette motion extravagante et déshonorante tout-à-la-fois pour son auteur, en passant à l'ordre du jour.

Sans doute qu'une masse de cinquante mille

pesant de matière peut tenter la cupidité des novateurs , et des intéressés à la ruine de ce qui honore la capitale, dans les arts et les artistes distingués et dans leurs productions ; mais les ignorans qui ne connoissent ni les uns , ni les autres, ni les principes , ne devroient s'attacher qu'aux chaudrons de quelqu'unes de nos paroisses , comme les cloches de saint Lou , de Bonne-Nouvelle , pour les mettre à la fonte , et garder le silence sur des objets dont ils ne savent apprécier ni le mérite ni la valeur.

Il est donc de l'honneur de la Capitale, de conserver à la premiere église de France tout ce qui peut rappeller la majesté des exercices publics religieux, non-seulement dans la Métropole, mais encore à S. Germain , à S. Sulpice et ailleurs , et loin de chercher à affoiblir ou à effacer le respect dû à la religion , dans tout ce qui touche l'esprit et le cœur , on devroit au contraire entretenir, augmenter s'il étoit possible , l'éclat des cérémonies du culte dans nos églises , pour la gloire de cette même religion , et l'honneur de la nation:

TABLES DES MATIERES

des Eglises , Abbayes , Paroisses et Collé-

giales Supprimées

ERRATA.

Page 8 , lisez , *qu'il existoit.*

— 11 , étoit de 13 lisez, 12 avec *le spe* , ils sont
réduits à 8.

— 31 ligne 28 ad matremelias lisez, *ad matutinas.*

— 74 ligne 6 du pape 4 lisez , du Pape Martin 4.

— 99 ligne 5 souspireur lisez, *sous-prieur.*

— 113 ligne 15 dans le chœur *lisez dansun
endroit.*

180 ligne 25 manuscrit écrit supprimez écrit.

— 133 ligne 1 Morr *lisez , mort* , vic *lisez, vie.*

— 134 ligne 7 6 à 7 mille lisez, 16 à 17 mille.

— 182 ligne 3 la demption *lisez, la redemption.*
ibidem ligne 9 des François lisez, de François.

— 218 ligne 26 lisez, en posa la premiere pierre,
elle fut achevée en.

— 283 ligne 12 costa lisez, *casta* , ajouttez *cum
claritate* après generatio et 1635.

TABLE DES MATIERES

De la nouvelle circonscriptiou des pa-
roisses de Paris.

4

S

T

V

Fin de la table.

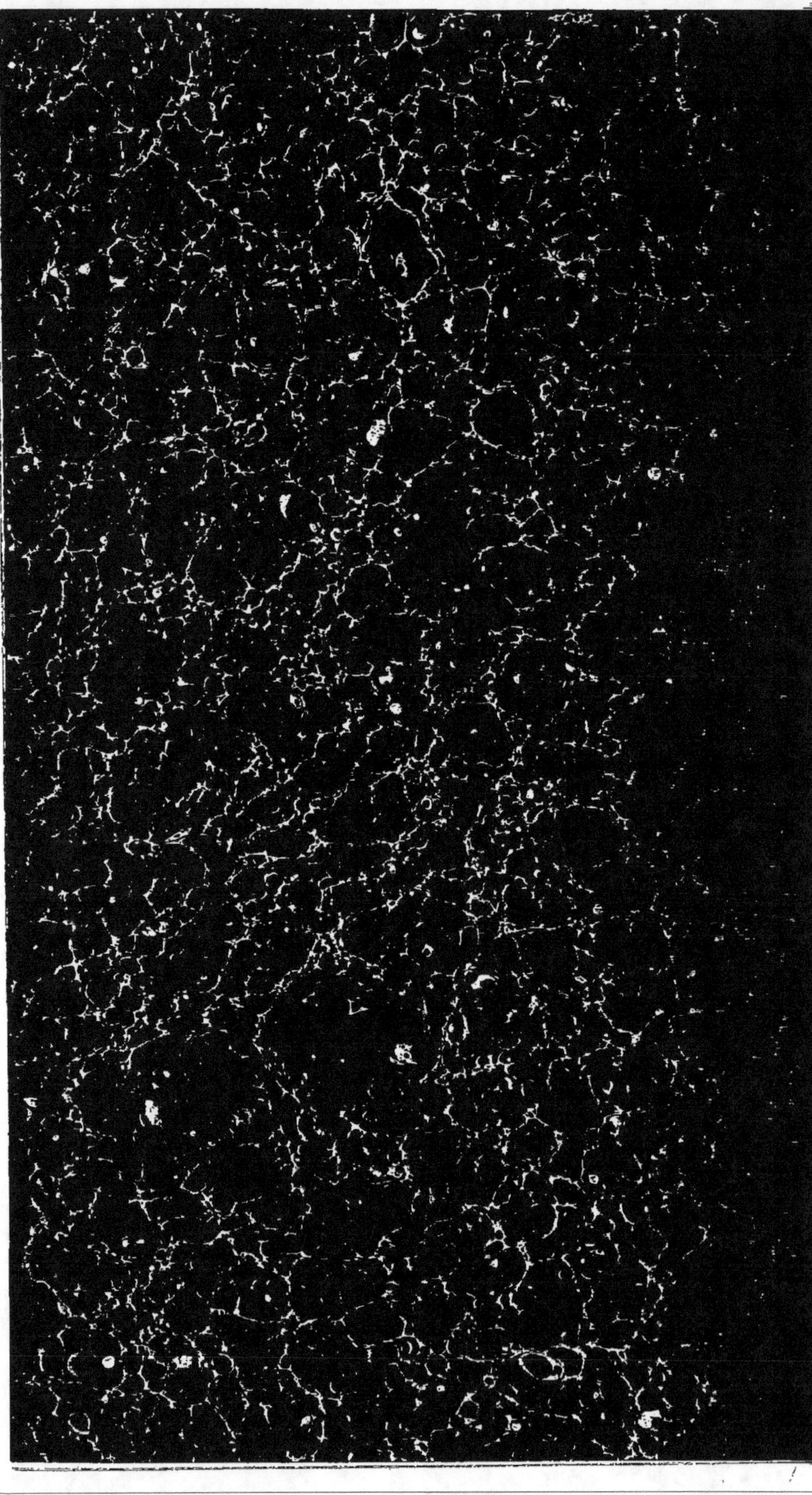

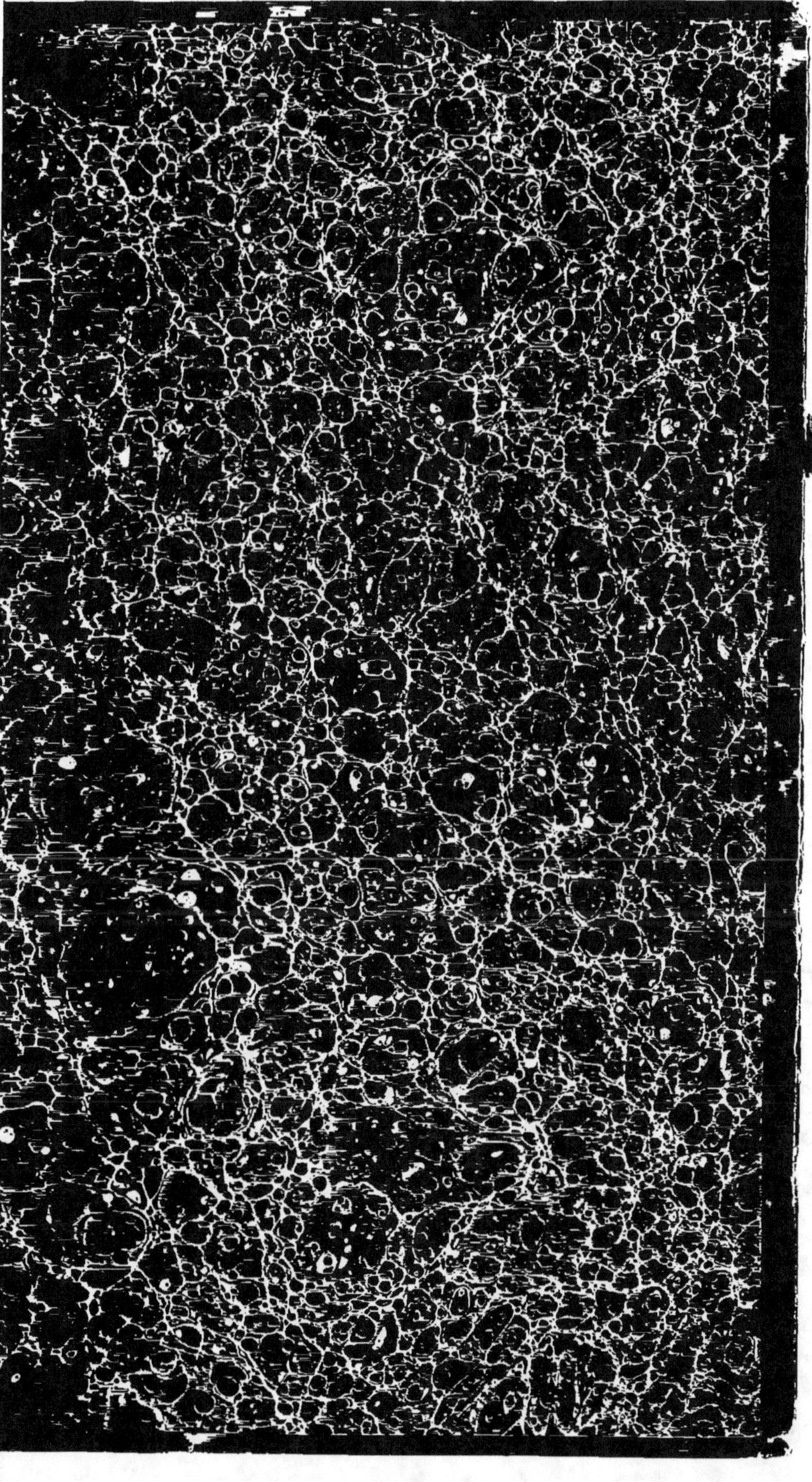